【诸子如是说】系列

孔子原来这样说

姜正成◎编著

中国华侨出版社

·北京·

图书在版编目（ＣＩＰ）数据

孔子原来这样说 / 姜正成编著 . —北京：中国华
侨出版社 , 2012.6（2024.1 重印）
ISBN 978-7-5113-2443-6

Ⅰ . ①孔… Ⅱ . ①姜… Ⅲ . ①孔丘（前 551～前 479）
—哲学思想—研究 Ⅳ . ① B222.25

中国版本图书馆 CIP 数据核字 (2012) 第 100784 号

●孔子原来这样说

编　　著：姜正成
责任编辑：崔卓力
版式设计：丽泰图文设计工作室 / 桃子
经　　销：新华书店
开　　本：710 mm×1000 mm　1/16 开　印张：16.25　字数：228 千字
印　　刷：三河市嵩川印刷有限公司
版　　次：2012 年 6 月第 1 版
印　　次：2024 年 1 月第 3 次印刷
书　　号：ISBN 978-7-5113-2443-6
定　　价：48.00 元

中国华侨出版社　北京市朝阳区西坝河东里 77 号楼底商 5 号　邮编：100028
发 行 部：（010）64443051　　传　　真：（010）64439708
网　　址：www.oveaschin.com　　E－mail：oveaschin@sina.com

如果发现印装质量问题，影响阅读，请与印刷厂联系调换。

前　言

　　大江东去浪淘尽，淘尽了多少古贤先哲。在历史的更迭与洗礼下，只有那些影响着人类思想与进程的人及其学说才能流传千古、光辉史册，而孔子及其儒学经典，既是千百年来帝王庶士的效法之规、立身之范，更是中华文明中的奇葩明星。

　　孔子无论走到哪里，都像阳光一样普照着大地，润泽着众人，他以"直、仁、忠、恕"的爱人、待人思想，教化着众人。不论是在仕途通达之际，还是在身处困厄，四处流浪之时，孔子都无悔地追求着思想的高度与人生的真谛，并用自己的实际行动践行着思想，有时甚至是明知其不可为而为之。孔子学说，多被其弟子及其再传弟子以对话式集录成书，即《论语》。其学说涵盖了修身、齐家、治国等诸多方面。而其思想中的"太平和合"、"以德治国"、"有教无类"、"道德齐礼"等思想理念，更是为当下国人乃至世界提出了一个可行性的规范。

　　知古鉴今，方为大成。虽孔子已成过去，但孔子思想却时刻影响着国人，并体现在生活的各个方面，因为它所代表的是中华千百年的文化传承。历史的发展与更替说明，一个没有自己文化的国家，可以成为一个大国甚至富国，但绝对不会成为一个强国；也绝不能永远屹立于世界强国之林。近代的旧中国灾难频仍，人民处在水深火热之中，饱受磨难，但是中国人民有着薪火相传的民族精神、民族向心力和人文精神，正是这些激励着无数的仁人志士，为民族大义而不屈不挠地奋斗抗争，终得中华民族之伟大复兴。可以说，孔子思想不仅是中华民族的智慧结晶，更是我们道德规范、价值取向、行为准则的再现。我们只有全心地去学习它，才能知古鉴今，才会有大的成就。

中国把儒学经典定为国学，以此来加强国民教育，并以儒学思想作为精神文明建设的载体，这就会更好地让国民去了解孔子及其思想。崇尚国学，学习国学，更是提高个人水准和构建正确价值观念的重要途径。在国际上，越来越多的国家接受并弘扬孔子思想，甚至有人说，人类要想在21世纪生存下去，必须回到2500年前，从孔子儒学那里寻找答案。无数事实证明，用战争和武力解决不了最根本的问题，只会产生越来越多的灾难和冲突，只有让人们心灵深处充满仁爱、忠恕等观念，去追求真善美，才能让世界更美好、更和谐。

本书主要从孔子思想中的中庸、忠恕、孝悌、谦虚、修身、齐家、仁爱等方面总结概括加以阐述；融会古今中外实例以佐证，深入浅出地予以解读，让读者对孔子思想有一个比较准确的了解。在阅读本书时，要多思考，更要注重与实践相结合。通过阅读本书，相信你的心灵定会悄然升华，而对人生真谛也将会有更深的体悟。

目　录

第一章　太平和合——孔子原来这样说中庸

现实生活中，有一些人的人际关系很糟，究其原因，多是没有把握好一个度。我们在为人处事抑或是言语方面都需要有个度，过了或达不到都不行。孔子曾说："中庸之为德也，其至乎矣！"当今社会，纷繁复杂，要想在社会交往中游刃有余，就不得不深悟中庸之道。

第二章 推己达人——孔子原来这样说忠恕

古人云："人非圣贤，孰能无过？"的确，即便是圣人，也难免犯错误，更何况是我们凡人。当别人犯了错误甚至是侵犯了你时，你是选择报复，还是选择宽恕？我们知道，报复对解决问题毫无益处，并且很可能让自己也陷入困厄。此时，你需要一颗宽容的心，这样，你收获的将不仅仅是一份快乐，还会是敬意，甚至是人生的一次重大转折。

第三章 亲亲为大——孔子原来这样说孝

善之极莫大于孝。父母养育了我们，才有了我们今天的幸福生活。当父母健在时，我们应该尽自己最大努力让父母过得好，并且要抽出时间常回家看看二老，和父母共享天伦之乐，不要让自己有"子欲养而亲不待"的遗憾。当然，行孝有很多种方式，但不管哪种方式，孝都要出自内心的感恩之情。乌鸦反哺，羔羊跪乳，兽犹如此，人何以堪？

第四章　大智若愚——孔子原来这样说谦虚

才美不外现，已属不易；大智若愚，更是难上加难。有句诗这样说："时人莫小池中水，浅处无妨有卧龙。"世间的能人异士比比皆是，你要想在人际关系中不被淘汰，要想在职场中进则平步青云，退则保全自身，就要学会谦虚，低调做人。弓越弯箭才能射得越远，这是一门学问。

第五章　三省自身——孔子原来这样说修身

古人是很重视修身的，"吾日三省吾身"，"达则兼济天下，穷则独善其身"，这些都说到修身的重要性，要想加强自身修养，就要学会自我反省。遇到不愉快的事发生，先反省自己，并且勇于接受别人的善意批评。生活中，处处充满诱惑，如果我们不能坚定自身，必将被流俗淹没，失去自我，甚至在无尽的欲望中消殒了自己的肉体与灵魂。反省是一种胸怀，更是一种力量。

第六章 里仁为美——孔子原来这样说齐家

"里仁为美"是说环境对一个人成长的影响是很大的，而家庭环境对一个人成长的影响更加不容忽视。家庭是社会的一个缩影，只有勤俭治家，形成良好的家风，才能把家治理好，继而参与国事，最终兼济天下。家治好了，国家自然安定，天下也就太平了。这也就是儒家所说的："修身齐家治国平天下。"

第七章 有教无类——孔子原来这样说教学

俗话说，师傅领进门，修行在个人。孔子说："学，然后知不足。"好学固然重要，但还要注意方式方法。学与思，学与实践必须结合起来，而不能只读圣贤书，那样只会是一个书呆子，于人于己都没什么用处。那么，孔夫子用什么样的心态，又给我们介绍了哪些方法来指导我们学习呢？

第八章　身正重行——孔子原来这样说事业

当今社会流行一句话，小老板做事，大老板做人。很多人都想有自己的一番事业，但真正创业又谈何容易？其实，很多生意经上都强调了人际关系的重要性，也就是做人、为人的品质道德。这些是人的软实力，你有良好的信誉与人品，事业上自然有贵人相助。所以，当你决定要干一番事业的时候，不光要有知识，还要做好人，注重自身修养的提高。

第九章　博施济众——孔子原来这样说仁义

"仁"是孔子思想的核心，孔子一生都在追求"仁爱"、"仁政"、天下归仁。当下，物质经济日益膨胀，而人类的精神世界却日益萎缩，人们疲命于利益追逐，却把那人性中最宝贵的仁义淡忘了。重续孔子，让我们唤回久已逝去的良知。

第十章 非礼不立——孔子原来这样说礼仪

中国自古就是礼仪之邦，像"礼尚往来"，"非礼勿视，非礼勿听，非礼勿言，非礼勿动"等等都说明了这点。我们甚至可以说，人无礼不足以立身。不管是对长辈、上司，还是对朋友、陌生人，礼貌待人，有礼有节，不仅能显示出你的品位，更能让你赢得好人缘。从大的方面来说，国家的治理也离不开礼仪，隆礼贵义者其国治，简礼贱义者其国乱。

第一章 太平和合

——孔子原来这样说中庸

现实生活中，有一些人的人际关系很糟，究其原因，多是没有把握好一个度。我们在为人处事抑或是言语方面都需要有个度，过了或达不到都不行。孔子曾说："中庸之为德也，其至乎矣！"当今社会，纷繁复杂，要想在社会交往中游刃有余，就不得不深悟中庸之道。

把握分寸无闲言

【原典】

子曰：过犹不及。

【古句新解】

孔子说："过头和达不到同样不好。"

自我品评

孔子的意思是说，人们说话办事如果达不到一定要求，那是不够标准；而如果做过了头则是超过了标准。超过标准与不够标准一样都是偏差，都是毛病，因此一定要掌握好分寸的艺术。

不吃得太多，是一种把握；不运动过量，是一种自知；不得意忘形，是一种稳重；不执迷不悟，是一种理性。这些都是有分寸的表现。做人做到恰如其分，是一种高境界；做事做到恰到好处，是一门大学问。

一位年轻人与他的朋友谈到他的从业经历时，也重点谈到分寸把握的问题。他从本科文秘专业毕业后到一家工贸企业当信息员，工作性质比较琐碎。报到前夕，他老爸把他拉到一旁，传授了他多年积累的"职场秘籍"：在新单位能不能站住脚，关键看表现，人要勤快，很多细节要注意!

因此，上班后他每天都提前一刻钟到办公室，打打水、整理卫生，同事有些什么需要跑腿的他都尽量去做。刚开始领导和同事对他印象很好，常当面说他勤快、姿态很高、没有架子。可是久而久之，大家都认为他那样做理所当然的是份内的事儿，这使他心理上很不平衡。坚持一段时间后，他开始彻底放弃原先的做法，结果大家觉得很不习惯，认为他失职了，进而指手画脚、说三道四。于是他又再作调整，既不天天勤快，也不彻底放弃，而是隔三差五地勤快。在他不干的时候，别人便不得不干，这样大家都有干的机会，也就和平相处了。这就是分寸的把握。

寸是尺的十分之一，分是寸的十分之一。对于古人来说，分寸恐怕是极小的度量单位。能用数字量化的概念往往比较单纯，学好数学就行。而在国人眼里，分寸要表述的内容则宽泛得多。

分寸可以形容美丽。古人在形容罗敷女的美貌时说：加一分则白，去一分则黑；添一分则胖，减一分则瘦。分寸在这里的意思是不多不少，恰到好处。

分寸可以证明功力。好拳师的真正功夫乃是四两拨千斤，对厨师水平的真正考核是恰到好处的火候，所以人们形容政治家用的是——治大国若烹小鲜。

分寸也被军事家运用得得心应手。战国时的曹刿就是瞅准了敌方三通鼓罢，士气低落之机，一鼓作气取得胜利。

在社会生活中，人们往往用能否把握好分寸，作为衡量一个人是否成熟的标志。举手、投足、眼神、语气、表情都有分寸问题。恰到好处地把握分寸，需要多年修炼，孔夫子说五十知天命，七十而从心所欲，说的就是这个道理。如果一个人能较早地悟出其中道理，并在现实生活中努力去做，就能够如鱼得水，举重若轻，游刃有余，其取得成功的机会自然会比他人多。

一般人所说的把握分寸，多半是指如何适应社会，遵从习俗。这可以使我们减少麻烦，规避风险。在现实生活中，我们既要善待他人，也要善待自己，双方的权利和尊严都是平等的。要想把双方的权利和尊严都照顾到，就必须说话有分寸，做事讲分寸，言行进退有度。一个有分寸感的人，就是一个做事得体，说话微妙的人，在张弛之间透出一种力量和智慧，这样的人，在成功的路上必定会走得顺风顺水。

曾听一位老法师讲人生之道和言行之法，他也很强调分寸的问题，让人很受启发。他认为，一个人言语举止没有分寸，别人会批评他"不知进退"；赞美个人待人处世合乎法度，说他"进退中绳"。说一个人"进退维谷"，是形容他陷入前进不了，又后退不得的窘境；一个人临事张皇失措，就是"进退失据"。一个人如果只知"进步"，那他只拥有一半的人生；还要懂得"退步"，才是完整的人生。因此，我们要能进能退。进退的尺度大有学问，可归结为以下四点：

第一，快速而不马虎：我们处在追求"快速"的时代，做任何事都讲究时效、效率，不容许慢吞吞。吃的，以速食面、快餐解决；行的，追求高速、超音速；住的，流行快速建筑。行事有效率当然很好，这是一种"进步"。但是，在追求速度之时，也要能静下心来，仔细规划、考虑，才能避免受"马虎"之害。譬如现代社会，离婚率居高不下，就是对婚姻大事，抱持速成马虎的心态，只知进而取，不知退而思的后果。

第二，谨慎而不保守：小心仔细做事，固然很少会出错，但过度谨慎，就易趋于保守，往往在该果断时，仍迟疑不决，因而丧失先机。只求不犯错的谨慎，只是有"守"的技术，而没有"进"的智能。一位年轻人拿着解聘书到总经理室，问："我这两三年来都没有出错，为什么解聘我？"总经理说："你没有出错，说明你只是追寻前人的脚步处理事情，而不敢冒险。敢大胆假设，小心求证的人才，才是公司竞争的本钱。"因此，做事要谨慎而不保守。

第三，谦虚而不卑贱：仅有高视阔步，昂首向前的自信，只是半部"前进"的人生；还要有虚怀若谷的情操，懂得低头弯腰。但是，态度需要谦虚，却不能卑躬屈膝，谄媚阿谀，置自我尊严于不顾。一个人必先懂得自我尊重，才能真正尊重别人。因此，要在自我尊重里谦虚，而不是奴颜媚骨。

第四，礼让而不畏缩：在良好的人际关系中，最讲究的就是礼让。礼让是美好的处世态度，但礼让不是畏缩，不是躲避。一味礼让，只是"退步"的人生，易流于怯弱；在礼让之下，还要能勇敢向前、自我承担，才是有进有退的完整生命。

由此我们得出一个观点：凡事都不可做得太过分，否则就会招致不利于自己的后果。在与人交往中，凡事不要逼得太紧而不留下一点回旋的余地，应尽量保持相对自由的空间，为日后的交往埋下伏笔。

把握好分寸，别人就不会评论你的长短。圆满的人生境界，要像击剑选手一样，有进有退，进退适度。怎样进攻，何时退让？我们只有提升自我的智能，才能真正体会"进退有道"的奥妙所在。

见贤思齐，走中庸之道

【原典】

子曰：见贤思齐焉，见不贤而内自省也。

【古句新解】

孔子说："见到有德行的人就向他看齐，见到没有德行的人就反省自身的缺点。"

自我品评

《法华经》说："人若知自爱，则应慎护自己。有心者应于三时之一。严以自我反省。"这里的反省，是一种完善自我的途径，从而找到自己的平衡木，亦为人生中庸之道。

儒者的自我反省没有佛或主的神秘色彩。它既不是为死后进天堂，也不是为赎人类与生俱来的原罪而反省，而是为现世的自我完善而进行人格解剖，是一种现实的自我认识，具有鲜明的理性批判精神。

战国时的赵国大将廉颇，就是曾经犯过严重错误，之后又及时反省和改正的人。

赵惠文王十六年（公元前283年），赵惠文王得到一块名贵宝玉——"和氏璧"。这件事情让秦昭襄王知道后，他便给赵惠文王写封信，谎称秦国愿意用十五座城来换取赵国的那块宝玉。

赵惠文王看完信后，不知如何是好，正在他犹豫不决时，蔺相如自告奋勇地说："大王，让我带着和氏璧去见秦王吧。如果秦王不肯用十五座城来交换，我一定把和氏璧完整地带回来。"

赵惠文王知道蔺相如是个勇敢机智的人，就同意他带着和氏璧去见秦王。蔺相如到秦国后，果然凭借自己过人的智慧识破秦王的阴谋，并略施小计，将和氏璧完整地送回赵国，这就是历史上著名的"完璧归赵"的故事。

赵惠文王二十年 (公元前 279 年)，秦昭襄王又耍个花招，请赵惠文王到秦地渑池 (今河南渑池县西) 去会见。当秦昭襄王和赵惠文王在渑池相会时，秦昭襄王对赵惠文王说："听说赵王弹得一手好瑟，请赵王弹个曲助兴如何?"说完立即吩咐左右把瑟拿上来。赵惠文王不好推辞，只好勉强弹一曲。

这时，秦国的史官便当场把这事记下来并且念道："某年某月某日，秦王和赵王在渑池相会，秦王令赵王弹瑟。"

赵惠文王一听，气得脸色发紫，却又无可奈何。这时，蔺相如拿出一个缶，并逼秦昭襄王击缶。然后让赵国的史官也把这件事记下来，并说："某年某月某日，赵王和秦王在渑池相会，秦王给赵王击缶。"

这次的秦赵渑池相会，蔺相如又凭借自己的聪明才智为赵惠文王挽回尊严。

经过"完璧归赵"和"渑池相会"之后，蔺相如功绩显赫，声名大振。赵惠文王遂拜他为上相，位在群臣之首。

蔺相如得到这样的殊荣，终于使廉颇妒火中烧。因为廉颇是赵国的一员大将，早在赵武灵王时，他就南征北战，为赵国立有汗马功劳。赵惠文王即位后，他又东挡西杀，更是为赵国屡建新功，是赵国当之无愧的功臣。

蔺相如被赵惠文王拜为上相后，廉颇逢人便说："我有攻城野战之功，他蔺相如算什么? 只不过是有口舌之劳。而且，他是宦者舍人，出身卑贱。他凭什么官位居我之上? 待我见到他，非得羞辱他一番不可!"

廉颇的这些话传到蔺相如的耳朵里，蔺相如就装病不去上朝，以避开廉颇。

有一天，蔺相如带着随从坐车出门，正好瞧见廉颇的车马迎面而来，蔺相如便急忙退到小巷里去躲避，让廉颇的车马先过去。这时，蔺相如的下属纷纷埋怨他不应该这样胆小怕事。蔺相如听到下属的埋怨，非但没有责怪他们，反而微笑地问下属："你们觉得廉将军和秦王比，哪个更厉害？"

"当然是秦王厉害啦！"下属们异口同声地回答。

"是呀！天下的诸侯都怕秦王。但为了保卫赵国，我连秦王都不怕，怎么可能会怕廉将军呢？"蔺相如接着说，"现在，强大的秦国之所以不敢来侵犯赵国，就是因为有我和廉将军两人在，要是我们两人不和，秦国知道后，就会趁机来侵犯赵国了。因此，我宁愿忍让廉将军呀。"

不久后，蔺相如的这些话又传到廉颇的耳朵里，廉颇顿时感到十分羞愧，并开始反省自己的所作所为。为了向蔺相如诚心地悔过，廉颇于是裸着上身，背着荆条，来到蔺相如的家里请罪。并对蔺相如说："我廉颇乃一介粗人，见识少，气量窄。这些天来，我一直冒犯您，而您却一再容忍我的罪过，实在让我无地自容！"

蔺相如连忙扶起廉颇，并对他说道："咱两人都是赵国的大臣，将军能体谅我，我已经万分感激了，您怎么还来给我赔礼呢？"

正如孔子的弟子子贡所说："君子的过失好比日食和月食。错误的时候，每个人都看得见；改正的时候，每个人都仰望着。"知错能改，善莫大焉！伟大的人也会犯错误，但他的伟大之处，就在于他从不掩饰错误，而且勇于改正错误。这不但不会损坏他的形象，反而更会赢得人们的尊敬。

人生决不会由于承认和改正错误而黯然失色，却有可能因为掩饰和固守错误而损失惨重。一个人有了缺点错误并不可怕，只要敢于正视、勇于改正。懂得见贤思齐，中庸之道，不断完善自己，终会成就一生。

咸淡适中才最好

【原典】

子曰：中庸之为德也，其至矣乎！民鲜久矣。

【古句新解】

孔子说："中庸作为一种道德，该是最高的了吧！缺失这种道德已经为时很久了。"

自我品评

中庸的道理讲究不偏不倚，过与不到都是不好的。体现在做事上，就是必须要做到恰到好处。商汤的开国大臣伊尹，不仅能把握做菜口味的"中庸"技巧，甚至把它上升到"齐家治国"的高度。

伊尹辅佐商汤推翻了夏桀的残暴统治，建立了商朝。伊尹原来只不过是汤身边的一个厨师，汤妻陪嫁的奴隶，他之所以被汤看中而授予要职，是因为他确实有一番才干，也善于从生活中发现人生的智慧。他看到汤成天因与夏桀争夺天下而忙碌着，显得十分着急，以至于一日三餐都食之无味，就想出一个办法来引起汤的注意。他把上一顿饭的菜做得特别咸，下一顿饭的菜又故意不放盐，让汤吃得不对味而来责备自己。然后，他又把每顿饭的菜做得咸淡适中，美味可口，让汤吃得十分满意。其实伊尹早已算计好了，汤准会表扬自己的。果然，有一次饭后汤对伊尹说："看来你做菜的本事确实不凡。"

伊尹早已成竹在胸，不等汤把话说完，就借题发挥说："大王，这并不值得夸奖，菜不应该太咸，也不能太淡，只要把佐料调配得妥当，吃起来自然会适口有味。这和您治理国家是一个道理，既不能无所作为，也不能急于求成，只有掌握好了分寸关节，才能把事情办好。"

孟子后来对伊尹的评价是："治亦进，乱亦进，伊尹也。"意思是说伊尹在天下太平时入仕做官，在天下动乱时也入仕做官。伊尹之所以能够做到这点，关键是在于能把握好分寸，有所为有所不为，深悟中庸的为人处事哲理。

可见，盐不能吃得太多，也不能吃得太少，要恰到好处。同样，炒菜不可太生，亦不可太熟；生熟恰到好处，菜才会好吃。此恰到好处，就是"中"。又比如商人卖东西，要价太贵，人就不买；要价太少，又不能赚钱。要价应该不多不少，恰到好处。此恰到好处，即是"中"。中庸学既讲恰到好处，又讲因时而中。做任何事情，都应该是这样。

程颐说："做事，不偏不倚的才叫做中，不改变的叫做庸。行中，这是天下的正道；用中道，这是天下的真理。中庸的基本要义，就是不偏不倚，恰到好处。"

在与人类生活问题有关的古今哲学中，还不曾发现过一个比这种学说更深奥的真理，这种学说，就是指一种介于两个极端之间的那一种有条不紊的生活。这种中庸精神，在动与静止之间找到了一种完全的均衡。所以理想人物，应属一半有名，一半无名；懒惰中带用功，在用功中偷懒；穷不至于穷到付不出房租，富也不至于富到完全不做工，或是可以随心所欲地资助朋友；钢琴也会弹，可是技艺不十分高明，只可弹给知己的朋友听听，而最大的用处还是给自己消遣；古玩也收藏一点，可是只够摆满屋子的壁炉；书也读读，可是不必太过用功；学识颇广博，可是不成为任何专家……总而言之，这种生活当为中国人所发现的较为健全的理想生活。

中庸是立身之本

【原典】

子绝四：毋意，毋必，毋固，毋我。

【古句新解】

孔子杜绝四种毛病，不凭空臆测，不全盘肯定，不固执己见，不自以为是。

自我品评

人生需要克服四种心理问题——凭空臆断、绝对肯定、固执己见、自以为是。这四种问题在每个人身上都不同程度地存在着，而孔子可以不犯，真令人敬而仰之。这些也说明了孔子立身处世的中庸之道。

在《论语》中提及"中庸"一词，仅有一条。中庸属于道德行为的评价问题，也是一种德行，而且是最高的德行。

中庸是儒家的重要思想。作为一种道德观念，它是孔子和儒家尤为提倡的。中庸被理解为中道，中道就是不偏向对立双方的任何一方，使双方保持均衡状态。

中庸是一种折中调和的思想。调和与均衡是事物发展过程中的一种状态，这种状态是相对的、暂时的。孔子揭示了事物发展过程的这一状态，并概括为"中庸"，这在古代认识史上是有贡献的。

曾有一位老师，带着学生做园艺。有的学生见叶子上有虫，就喷农药杀虫。另一学生说："你这样做破坏生态平衡，不对。"这学生就说："消灭害虫，有什么不对？"二位争执不下，请老师评判。老师说："你们都对。"这时，有一学生问："老师，一件事总该有个对错，怎么能都说对呢？"老师点点头："你也很对。"

正如说欲望一样：无欲不是指一点欲望没有，像个木头人似的，而是说没有过分的欲望——贪欲。没有贪欲，就可以做到坚持自己做人的原则，至大至刚。在"没有金钱就万万不能"的今天，贪污腐败成为社会的一大公害，其根源和背景固然是相当复杂，但从贪污腐败者个体的情况来看，无一不是因为欲壑难填而造成的。不管你职位有多高，资历有多老，一旦陷入贪得无厌的欲望之中，就会成为金钱和物质的奴隶，陷入万劫不复的深渊之中，最终身败名裂。

当然我们也不提倡禁欲主义，不能走向另一个极端。

鲁迅认为：中国人口说中庸，其实最不中庸，所以办不好事情。懂得中庸，才能懂得中国的大半。古今中外，最有用的智慧就是中庸，最为人们误解的也是中庸。从容中道，圣人也。

晋代陆机《猛虎行》有云："渴不饮盗泉水，热不息恶木荫。"讲的就是在诱惑面前的一种放弃、一种清醒。

清代学者李密庵的一首《半半歌》，以艺术的方式颂田园、写人伦、叙情趣、论时弊，读来令人耳目一新，其中藏有大智慧。

看破浮生过半，半字受用无边。半中岁月尽悠闲，半里乾坤宽展。
半郭半乡村舍，半山半水田园。半耕半读半经廛，半士半民姻眷。
半雅半粗器具，半华半实庭轩。衾裳半素半轻鲜，肴馔半丰半俭。
童仆半能半拙，妻儿半朴半贤。心情半佛半神仙，姓字半藏半显：
一半还之天地，让将一半人间，半思后代与沧田，半想阎罗怎见？
酒饮半酣正好，花开半吐偏妍。帆张半扇免翻颠，马放半缰稳便。
半少却饶滋味，半多反厌纠缠。百年苦乐半相参，会占便宜只半。

和谐是中庸的最高境界

【原典】

子曰：恭而无礼则劳，慎而无礼则葸，勇而无礼则乱，直而无礼则绞。

【古句新翻】

孔子说："恭敬而不符合礼就会劳倦，谨慎而不符合礼就是猥琐，勇敢而不符合礼就是作乱，直率而不符合礼就会尖刻伤人。"

自我品评

礼作为一种广义的交往形式和规范，其原则首先表现为"和"。所谓和，从消极的方面来看，主要是化解主体间的紧张与冲突；就积极的方面而言，和则指通过彼此的理解与沟通，达到同心同德，协力合作的目的。孔子所崇尚的人生意境是一种和谐的意境，因而也是一种美的意境。用于处理人际关系，也就是既要团结，家和万事兴，和气生财，又要坚持原则，不能搞庸俗的一团和气，吹吹拍拍。

清末曾国藩回湖南组建湘军，先后征战攻克众多重要城池，因此被授封一等侯爵。可就在这时，曾国藩发现他的湘军总数已达 30 万之众，是一支谁也调不动、只听命令于曾国藩的私人武装。曾国藩感觉到了功高震主的危机，于是开始自削兵权，从而解除了清廷的顾虑，使自己依然得到信任和重用。曾国藩正是懂得君与臣的和谐相处，才使得自己步步高升。

人生万象总是在矛盾中谋求调和与融通，而不是对立与分割。有的人满口歌颂自然人生的美，努力忘记一切缺陷与丑恶；有的人却用显微镜来观察人生的斑点，仿佛世上只有虚伪、残酷、麻木，忘记了鸟歌虫吟。现代生活需要的不是对立，而是融合相生。我们应该扩展自己的胸襟和容人之量，不要以狭隘的眼光去概括事物，真正地融入生活，用宽大通达的眼光来看待事物，感受生命的和谐之美。

在生活中，我们经常可以看到：一个老是被人欺侮的软弱者，也会有发怒的一天，将那个比他厉害、比他强壮的人打得鼻青脸肿，一个患有严重"妻管严"的丈夫，在妻子的监视下不敢对自己的父母表示一点点孝心。可忍耐到了极限以后，有一天，他也会站起来反抗，对妻子咆哮一通，结果把妻子吓得不知所措。

美国著名作家房龙在看到忍辱负重的华人洗衣工时搞不懂："究竟是什么在支撑着这些贫困的中国洗衣工人，在一种几年时间便会令其他任何人类毁灭的艰难条件下生活下来，又是什么使得他们能够忍受那些白人——他们由于自身的贫苦不得不生活在那些人中间，为的是能够让他们的孩子将来成为与他们所谓基督教邻居的后代迥然不同的文明、礼貌的小市民的呢？"后来房龙将这一功劳归之于孔子及《论语》，而孔子《论语》中的灵魂思想则是"中庸"。房龙说："他 (孔子) 向几亿中国人传授了一种日常生活的哲理，那种哲理在过去 2500 年中一直影响着他们的子孙后代，并且至今如从前一样至关重要，一样可行。"不错，孔子凭着一颗善良的心，真诚地向我们传授着生活的哲理，其间或许有些不够精致的地方，有些则是被别有用心的后人故意或无意地误读，企图凭借圣人的幌子，来把一些非法的勾当变得"合理合法"。现在，只要我们也带着一颗同样善良的心，带着对生活的热情来重读《论语》，就不难在智者的圣言中找到一些生活的启示，重新调整好自己与他人、社会、自然，甚至整个宇宙的关系。

有人预言，21 世纪的哲学在东方，或许太自信了点，但至少表达了一种美好的愿望，至少给焦虑不安的现代人开出了一帖清凉方。

信人防人显中庸

【原典】

子曰：不逆诈，不亿不信，抑亦先觉者，是贤乎！

【古句新解】

孔子说："不预先怀疑别人欺诈，不主观臆断别人不诚实，但又能及早察觉别人的欺诈和不诚实，这就是贤人吧。"

自我品评

不猜测别人的不善，又在不善者的马脚刚刚暴露时就能察觉，并采取相应的防范措施，保护自己，让坏人无法得逞。与人交往，首先要信任别人，但也要保持适度的警惕。这是处世之道，亦是中庸之道。

孔子反感"巧言令色"的做法，他提倡人们正直、坦率、诚实，不要口是心非、表里不一。这种思想在我们今天仍有一定的意义，对那些人前一套、背后一套的人有很强的针对性。

儒者对伪君子的鄙夷之情溢于言表，仅孔子对"巧言令色"的斥责，在《论语》中就有多次记载。曾子也曾说："胁肩谄笑，病于夏畦。"意思是说，耸起两个肩头，做出一副讨好人的笑脸，这真比顶着夏天的毒日头在菜地里干活还要令人难受。

对人心的识别，是"横看成岭侧成峰，远近高低各不同"。花言巧语，给人戴高帽子，一般是对有权有势的人而言。

唐玄宗时的宰相李林甫，他陷害人时并不是一脸凶相，咄咄逼人，而是吹捧，就是所说的"口有蜜，腹有剑"。

具有识人的本领，就意味着你可以在瞬息万变之间看透周围发生的人与事。一味地信任别人而未采取防范措施，会让坏人得逞。唐太宗李世民不可谓不圣明，但这一代明君在魏征死后很快就被"巧言令色"的小人包围。太子李承乾发动政变，事败被杀。因魏征曾是太子师傅，唐太宗听信谗言，命人将御笔亲书的魏征墓碑推倒并砸碎。直到东征高丽失败，狼狈而归，李世民才又想起了魏征，他长叹道："魏征若在，不使我有是行也!"不久，他亲自去魏征墓前悼念一番，并将当初推倒的墓碑又立了起来。

俗话说：害人之心不可有，防人之心不可无。不存防人之心，固然是一个人善良的表现，善良用错了地方，就有可能助纣为虐。但光是防人也不可行，如果时时事事都存防备之心，那生活还有什么快乐可言？那么，到底应该怎么办呢？让我们来看看孔子的主张。

孔子主张不要无端地怀疑人、猜测人、防着人，但他高明的地方是"先觉"，就是既不猜测别人的不善，又在不善者的马脚刚刚暴露时就能察觉，并采取相应的防范措施，保护好人，让坏人无法得逞。这个办法很适合我们。我们要好好学习《论语》，认真体会孔子的教诲。既不无根据地怀疑、猜测，也不天真得毫无警觉。

孔子就曾经遇到过企图加害他的人，但他凭着自己的聪明智慧，化解了一场灾难，也贯彻了自己提倡的"不逆诈，不亿不信，抑亦先觉"的原则。

孔子周游列国，一直找不到英雄用武之地。这时，晋国的赵简子派人来请孔子。孔子觉得有了可以实施自己主张的机会，便接受聘请，带领弟子准备渡过黄河到晋国去。其实，赵简子是心存歹意，想把孔子骗去杀了。孔子并不知晓赵简子这一阴谋，本着"不逆诈，不亿不信"的处世原则，孔子满怀希望地去了。

到了黄河边上，孔子听到了一个消息：晋国的两名贤大夫窦鸣犊、舜华被赵简子杀害了。孔子面对滔滔黄河水叹道："波涛滚滚的黄河，真壮观呀！可惜我不能渡过你了，这是命呀！"弟子子贡见孔子突然改变过河的主意，颇为不解，就问孔子原因。

孔子说："窦鸣犊、舜华二人都是晋国的贤人。赵简子未得志时，是靠这两个人才发达起来的。现在赵简子大权在握，却杀了他们，真是让人扼腕而痛恨呀！我听说：一个人如果残忍到剖开动物的肚子来杀死幼胎，那麒麟是不会来到他那里的；如果排干了池塘水来捉鱼，那蛟龙就不肯来兴云致雨；弄翻了鸟巢打破了卵，那凤凰是不愿飞来的。君子痛心于自己的同类受到伤害啊！连飞禽走兽对于不义的人事尚且知道避开，何况是我孔丘呢？我们走吧，不渡河了。"孔子在赵简子聘请的问题上，表现了他既"不逆诈"又"先觉"的处世方略，从而避免了杀身之祸。

孔子在信人和防人上将中庸之道运用的可谓极为深入，也给后人作出了榜样。所以，做人不但要浑厚，就是"不逆诈，不亿不信"；还要精明，就是要"先觉"。把两者很好地结合起来，才能在复杂的社会中立于不败之地。

第二章 推己达人

——孔子原来这样说忠恕

古人云:"人非圣贤,孰能无过?"的确,即便是圣人,也难免犯错误,更何况是我们凡人。当别人犯了错误甚至是侵犯了你时,你是选择报复,还是选择宽恕?我们知道,报复对解决问题毫无益处,并且很可能让自己也陷入困厄。此时,你需要一颗宽容的心,这样,你收获的将不仅仅是一份快乐,还会是敬意,甚至是人生的一次重大转折。

己所不欲，勿施于人

【原典】

子贡问曰：有一言而可以终身行之者乎？子曰：其恕乎！己所不欲，勿施于人。

【古句新解】

子贡问："有没有一个字可以终身奉行的呢？"孔子回答："那就是'恕'吧！自己不愿意要的，不要强加给别人。"

自我品评

在《论语》二十篇中，《颜渊》、《卫灵公》主要讲述了孔子对"仁"和"恕"的解释。在《论语·颜渊》里，当仲弓问孔子什么是仁时，孔子把"己所不欲，勿施于人"作为仁的一个重要组成部分向仲弓推荐。而"己所不欲，勿施于人"的"恕道"，孔子作为终身奉行的座右铭，推荐给他的高才生子贡。

人们遇事常说"将心比心"，这实际上正是在推行"己所不欲，勿施于人"的恕道。问题在于，世道人心，每每是反其道而行之。一般人恰好是自己不愿做的事就想让别人去做，自己不想要的东西就巴不得卖给别人。相反，自己想做的事、自己钟爱的东西就不那么愿意与别人分享了。所以，不是"己所不欲，勿施于人"，而是"己所不欲，千方百计施于人"、"己所欲，勿施于人"。之所以会如此，说到底还是一个私字在作怪。

其实，我们还看到，在《论语·公冶长》篇里，子贡自己曾经说过："我不欲人之加诸我也，吾亦欲无加诸人。"意思是：我不把自己的意愿强加给别人，也不希望别人把他的意愿强加给自己。这正是"己所不欲，勿施于人"的意思。孔子就说："子贡啊，这不是你做得了的。"可这里又要子贡终身这样做。这一方面说明"己所不欲，勿施于人"很重要，另一方面又说明它的确很难做到，就连孔子的高足之———子贡也是如此。

三国时，吕布当初同刘备很要好，后来发生了矛盾。吕布就让名士袁涣写信去骂刘备，袁涣不屑于干这种差事。吕布几次要求他都没有用，便用刀架在袁涣的脖子上说，再不写杀了你。袁涣坦然而笑道："我只听说以德羞人的，没有听说以辱骂折磨人的。如果说刘备是君子，就不会由于将军的辱骂而感到羞耻；如果他是小人，就一定会用同样的办法来回报你，辱骂就会落到你头上。而且，我说不准哪一天也会为刘备效力，也会像今天给将军效力一样。假若我一离开将军，就来辱骂你，行不行呢？"吕布听了这一通话后，想想就罢休了。

"己所不欲，勿施于人"以仁恕之道推及他人，与人方便，自己方便，可以使人拥有宽广的胸怀，容忍别人的过失。同时，也可以不因别人合理地指责自己而迁怒别人，达到人际关系的和谐。坚持"己所不欲，勿施于人"，才能与人和睦相处，才不致在不对的时间、不对的场合，表错情、会错意。用心对待每个人，用心了解每位朋友的想法和喜好，才能避免犯错，赢得真诚友谊。

后世提到孔子教学的精神，每每都会说及儒家忠恕之道。后人研究它所包括的内容，恕道就是推己及人，替自己想，也替人家想。拿现在的话来说，就是对任何事情都要客观地看待，想到我所要的，也是人家想要的。这八个字的修养，要做到很难很难，"己所不欲，勿施于人"，同时也就是"己所欲，施于人"。"忠恕之道"可以说是孔子的发明，这个发明对后人影响很大。孔子把"忠恕之道"看成是处理人际关系的一条准则，这也是儒家伦理的一个特色。这样，可以消除别人对自己的怨恨，缓和人际关系，安定当时的社会秩序。

在中国历史上，唐太宗可称为奉行"己所不欲，勿施于人"箴言的一代明君。贞观初年，太宗便明确说出自己的君道观念："朕经常思谋，个人祸患，常非身外之物所致，而是因为人的欲望害了自己。倘若贪于佳肴美味，沉醉歌舞美女，被欲望所带动，国家便会因此废坏，百姓也会大受侵扰。"

贞观二年夏天，太宗住在低矮潮湿的皇宫里，大臣都劝他改建。

太宗摇头说："朕富有四海，处理事情都应设身处地。扩建宫殿屋宇，游览观赏池台，老百姓都不会希望的。己所不欲，勿施于人，劳苦疲惫之事，怎能强加给百姓呢？"

唐太宗如此严格要求自己，各级官吏因此上行下效、勤谨奉公，王公贵族乃至大姓富豪也不敢胡作非为、盘剥细民，人人衣着朴素，民风俭朴。如此数年后，人民不再遇到盗贼，牢房常空空荡荡。从长安到镇南，自山东到东海，都不必担心路上饥荒。史书记载，贞观年间社会繁荣稳定到这样的程度，是历史上前所未有的。

从这个事例可以看出，"己所不欲，勿施于人"就是当自己要对他人做什么事时，先想想自己是否愿意遇到这事，如果自己不愿意，就不能对他人做这种事。我们不愿意被偷、被抢、被杀，所以，我们也不能对他人做这种事，衡量的标准当然是自己，是自己的"不欲"，而之所以能把别人也当成自己，对他人也用这个标准来衡量，就必须发自一种纯粹的善意，一种真挚的恻隐之心。

简单地说，忠恕之道也就是眼里有他人，心里也要为别人着想。这世界并不是我们一个人生活在其中，这世界还有许许多多其他的人，他们和我们一样，我们生活，也要让别人生活。而如果超越自我而取一种普遍的观点，就会看到每个人都有自己生存和发展的权利，由此就可努力创造出一种制度的恕道来。

　　"己所不欲，勿施于人"是一道命令，而且是以一个禁令的形式表述的。它所涉及的是一种人我关系，在此，"己"、"人"与"勿施"的意思都是很明确的，关键是"不欲"，而禁令就将由这一"不欲"做出，"勿施"的内容就是"不欲"的内容。这样做潜在地设定了一个前提：就是我所不欲的也是他人所不欲的，所根据的是一种我与他人的共同性，一种人类的共同性。

　　当然，孔子之行忠恕已进入一个至高的境界，已经达到了自然而然、无需着力的地步，而我们不妨从基本的做起，把它看成一道命令、一种义务，强恕而行，推己及人。

遂事不谏，既往不咎

【原典】

哀公问社于宰我，宰我对曰：夏后氏以松，殷人以柏，周人以栗，曰：使民战栗。子闻之，曰：成事不说，遂事不谏，既往不咎。

【古句新解】

鲁哀公问宰我，土地神的牌位应该用什么木来制作。宰我说："夏代用松木，殷代用柏木，周代用果子木，用意是使人民恐惧战栗。"孔子听了这话，批评说："已做过的事就不要再提了，已完成的事就不用再去劝阻了，已过去的事就不要再追究了。"

自我品评

孔子有一个弟子叫宰予，字子我，也被称作宰我。有一次，他受到孔子的批评。孔子为什么要批评宰予呢？因为宰予回答鲁哀公的问题不对。周代用栗木做土地神的牌位，使民战栗，效果是不好的。就是说，这是周人做得不妥当的一件事。但这已经既成事实，后人再说三道四，也改变不了历史。在孔子看来，鲁哀公问社，宰予如此回答就是违背了"成事不说，遂事不谏，既往不咎"。

明末文人洪应明在其所著《菜根谭》中曾说："邀千百人之欢，不如释一人之怨。"意思就是说，释怨的工作比施恩的工作更重要。事实上也确实如此，一个人的怨恨若不及时化解，就很容易影响许多人，甚至会坏了大事。举例子来说，春秋时宋郑两国交战，宋军主帅华元宰羊犒赏三军，可是在分羊肉时忘了为华元驾驶战车的羊斟。羊斟因此心里怨恨华元，可是华元没有觉察，更谈不上及时做释怨的工作。作战时，羊斟便把华元的战车驾到郑军阵地里，从而使华元当了俘虏。可笑的是华元本来想犒赏三军以提高士气，但因为处事不细反而结怨于羊斟，再加上羊斟气量又小，导致兵败被俘的后果。

朱熹曾经说过："于其所怨者，爱憎取舍，一以至公而无私，所谓'直'也。"即某件事该怎么办，就怎么办，并不因为他对我有怨而趁机挟私报复。你给我一拳，我无论如何也要想尽办法还给你一脚，这样的鼠肚鸡肠，是无知小人的逻辑。

唐朝的李靖曾任隋炀帝的郡丞，发现李渊有图谋天下之意，亲自向隋炀帝检举揭发。李渊灭隋后要杀李靖，李世民反对，再三强求保他一命。后来，李靖驰骋疆场，征战不疲，安邦定国，为唐朝立下赫赫战功。同样在唐朝王室争权夺位中，魏征原来是辅佐李渊的长子太子李建成的。其实魏征早就察觉到李世民不是等闲之辈，同时也不会甘心屈居秦王之爵，为了巩固太子的地位以便日后顺利继位，他曾鼓动太子建成杀掉李世民。这件事李世民早有耳闻，但通过玄武门政变夺取帝位后，同样不计前嫌，量才重用，使魏征觉得"喜逢知己为主，竭其力用"，为唐朝盛世的开创立下了汗马功劳。

不仅以上两人，李世民还对许多与他有过冲突与过节的人不计旧怨，一概量才录用，因而成为历史上深受臣民拥护的英明君主。

有一句名言说："生气是用别人的过错来惩罚自己。"老是念念不忘别人的坏处，实际上最受伤害的就是自己的心灵，搞得自己痛苦不堪，何苦呢？既往不咎，才可甩掉沉重的包袱而大踏步地前进。所以，人要学会忘记旧恶，用宽容之心赢取他人之图报。

心胸太狭窄绝对是坏事，报复心太强烈只能害自己，影响交际和事业。宽容别人不仅是一种美德，更是健康长寿的秘诀。宽容是一种雅量、文明和胸怀，更是一种人生境界。宽容别人等于宽容自己，宽容的同时也创造了生命的美丽。宽容还是制止报复的良方，懂得宽容的人不会被世上不平之事所摆布。即使受到他人的伤害，也绝不去冤冤相报，而是时时提醒自己："邪恶到我为止。"

鲁迅的作品《祝福》里的那个祥林嫂，在儿子阿毛被狼叼走后，就陷入深深的自责，逢人就要把自己的不幸诉说一遍，责怪自己那天不应该让阿毛在门口剥毛豆："我怎么就没想到会有狼呢？"祥林嫂的遭遇的确让人同情，可她总是喋喋不休地重复叙述，周围的人也不免听烦了，后来都躲着她……

"成事不说，遂事不谏，既往不咎。"孔子教导我们的，是一种明智的、务实的，也是豁达的人生态度。有了这种态度，我们就能坦然面对生活的不幸、已有的失败，就能走出昨天的阴影，开创新的生活，而不是陷入沮丧、懊悔、自责之中不能自拔。

"前事不忘，后事之师"这是必要的。总结历史经验是为了今天，而不是陷入昨天，陷在历史的纠葛中走不出来。过去的就让它过去吧，对于我们来说，最重要的是宽容待人，凡事不悔，如此而已。

中国人在识人方面一向有独到眼光，尤其是那些正人君子。所谓"君子绝交不出恶声"，即在这个世界上，与人亲密地交往时，需要诚意待人。一个有修养的人，无论持何种理由，即使中断来往，也不会口出恶声，将人以前的丑行劣迹全搬出来，恶语相向，诽谤对方。

首先，倘若说了绝交者的坏话，等于承认自己识人不清。既然双方已经绝交，作为"陌路之人"也就罢了，何必反目成仇呢？树敌过多，不仅会使人在生活中迈不开步，即使是正常的工作，也会遇到种种不应有的麻烦。要避免树敌，首先要养成这么一个习惯，就是绝不要去指责别人。指责是对人自尊心的一种伤害，它只能促使对方起来维护他的荣誉，为自己辩解，即使当时不能，他也会记下你的"一箭之仇"，日后寻机报复。

其次，对于他人明显的谬误，最好不要直接纠正，否则他会觉得你是故意让他出丑，因而伤了他的自尊心。所以，一定要记住，凡是非原则之争，要多给对方以取胜的机会，这样不仅可以避免树敌过多，而且还可拥有更好的人缘。对于原则性的错误，也应该尽量含蓄地进行示意。

与人相处，最难得的是将心比心，谁没有过错呢?当我们有对不起别人的地方时，是多么渴望得到对方的谅解啊! 古人古事，脍炙人口；以古为镜，可以净心灵、辨是非、明前途。

成人之美真君子

【原典】

子曰：君子成人之美，不成人之恶。小人反是。

【古句新解】

孔子说："君子成全别人的好事，不促成别人的坏事。小人则与此相反。"

自我品评

成人之美的确是一种高尚的品德。它需要有宽广的心胸、助人为乐的精神。对于患得患失、一切都要算计自己能得到多少好处的人来说，是很难做到成人之美的。

成人之美一般有两种不同的情况。一种情况是，自己好也成全别人好，自己富也成全别人富，自己能做什么也成全别人能做什么，有钱大家赚，有快乐大家分享。这种成人之美也就是孔子所说的"己欲立而立人，己欲达而达人"。一般人要做到虽然也不容易，但还不算太难，只要心胸宽广一点的人就能做到。这种"成人之美"的事，在今天的社会到处都有，如主动替同事值班，使其安心地去会女友；尽力帮助同学复习功课，掌握知识，使其早日榜上有名；主动帮助一时经济拮据的朋友，使其免除后顾之忧等等。总之，大凡是好事情、好愿望，你伸出热情的手，予以大力帮助，使之功成事就，都可以说是"成人之美"的君子行为，都是得人心、受欢迎的。

另一种情况是，自己活得并不好，自己一贫如洗，两袖清风，还能够成全别人好，成全别人发财，就像有一首歌中所唱的那样："只要你过得比我好。"这就太不容易了，不是一般人所能做得到的。

《西厢记》里的红娘，同情和促成张生与莺莺的爱恋，事发遭责难，仍仗义执言，促使有情人终成眷属；《水浒传》里的武松，不平于蒋门神霸占施恩的快活林酒店，行侠仗义，挺身而出，"醉打蒋门神"，为施恩夺回快活林。在电影《张铁匠的罗曼史》中，有这样一组镜头：张铁匠的妻子腊月在濒临饿死的绝境中，被贫穷善良的农民刘忍搭救。在以后的日子里，腊月母子与刘忍相依为命，组成了一个"新家"。后来，传说早已死去的张铁匠找上门来了，正当铁匠夫妻忧心忡忡、左右为难之时，刘忍得知来人正是腊月的丈夫，便主动带上铁匠的儿子来认亲爹，让他们全家团聚，而自己则悄悄离开北山……这些脍炙人口的故事，都可算得上是成人之美的壮举。

宋太祖赵匡胤以盖世英才夺取了天下，当他的部下石守信等人将黄袍穿在他身上时，他既感到了做皇帝的喜悦，同时又从自己登上帝位的事件中感到了某种危机。他深知，唐朝之所以会灭亡，皆因拥兵自重的藩镇势力太强，以致架空了皇帝。于是，他谋算着如何收回他手下各路大将的兵权。

有一次，他单独找赵普谈话，问他说："依你看来，自唐末以来，几十年征战不息，皇帝朝现暮隐，如走马灯一般，这到底是何原因？"

赵普想了想道："依臣看来，这皆因藩镇势力太强大。如果把兵权集中到朝廷，天下自然太平无事了。"

宋太祖连连点头，赞赏赵普说得好。

后来，赵普又对宋太祖说："禁军大将石守信、王审琦两人，兵权太大，还是把他们调离禁军的好。虽然他们没有统帅的才能，也管不住下面的将士。但是有朝一日，下面的人闹起来，他们也身不由己啊！"宋太祖敲敲额角说："亏得你提醒。"

过了一阵子，赵匡胤备酒宴，相邀跟他几十年征战、战功赫赫并拥有相当权势的石守信等人赴宴，酒酣耳热之际，赵匡胤突然显得心事重重、忧戚无比地道："要是没有你们的力量和辅佐，就没有我黄袍加身的今天，我对此厚谊将永生铭记，但也因此而使我寝食难安。早知做皇帝的艰难，还不如像你们一样当节度使愉快啊！"

石守信等人听了十分惊奇，连忙道："陛下如何这样说？"

赵匡胤道："这道理不难明白，皇帝这个位置，谁不眼红啊！"

石守信等人听言惊恐不已，慌忙跪地叩头道："陛下为何说出这样的话来？现在天下已经安定了，谁还敢对陛下三心二意？"

赵匡胤道："道理原本如此啊！你们想想看，即使你们没有野心，不想当皇帝，但一旦有一天你们手下的人中有人贪图富贵，也像你们拥戴我一样，将黄袍穿在你们身上，即使你们想不干，能行吗？"

赵匡胤又说道："人生何其短暂，莫不为荣华富贵而奔忙。与其如此，还不如到地方上去做个闲官，买点田产房屋，给子孙留点家业，快快乐乐地享受晚年。你们如能这样做，我们君臣间也少了许多猜疑，你们以为如何？"

第二天一上朝，石守信等人就都递上一份奏章，说自己年老多病，请求还乡。宋太祖马上恩准，收回他们的兵权，赏给他们一大笔财物，打发他们去各地做禁军职务。这就是历史上有名的"杯酒释兵权"的故事。石守信等人虽说是不得已放弃了军权，但总算成就了赵匡胤之美，从此以后，君臣和谐相处，宋朝也成为中国历史上少见兵戈的时代。

成人之美真君子。成人之美是孔子所提倡的一条重要的为人原则，它是一种气度、一种胸怀、一种君子风范。这种风范不是别人强加于人的。只有舍弃自私之心，把成人之美当作每个人自觉的追求时，这个天下才会安定，这个社会才会和睦。孔子正是用这种乐道好施、与人为善的亲和力，去感召笼络所有人，去组合建立他所追求的人与人之间的理想关系。

我们这个社会处于空前的竞争中，有的人为了方方面面的竞争而心力交瘁，甚至产生各种不健康的心理。我们不能为了竞争而竞争，有些竞争是必须的，有些竞争是可以放弃的，该放手的时候就放手。今天我们成他人之美，明天他人就会成我之美。世界是一个和谐的世界，成人之美应该成为这个世界的最和谐之音。

躬自厚而薄责于人

【原典】
子曰：躬自厚而薄责于人，则远怨矣。

【古句新解】
孔子说："多批评自己，少责怪他人，这样就不会招人怨恨了。"

自我品评

凡事多作自我批评，这既是儒者的反躬自省，也是今天我们仍然倡导的修养方法。

宋人李邦献说过："轻财足以聚人，律己足以服人，量宽足以得人，身先足以率人。"意思是说，仗义疏财能够团结人，严于律己能够使人信服，宽以待人能够得到人心，身先士卒能够领导众人。"聚人"、"服人"、"得人"、"率人"，归根到底是得人心，而得人心的前提是"其身正"。身为领导干部，只有不偏爱钱财，清廉自律，才能一身正气。宽以待人，以身作则，才能赢得人心。而得人心者，便可成就大事。领导者只有首先搞好自身的道德修养和道德教化，才能达到"以德服人"的效果。

当然，要做到这些是非常之难的，这正如孔子在《论语·公冶长》篇里所感慨的那样："已乎矣，吾未见能见其过而内自讼者也！"能够"躬自厚"的人是很少的，往往倒是"厚"责于人的多。把一切功劳归于自己，一切错误推给别人，这又怎么能和别人交往呢？

正是针对这种情况，孔子才语重心长地教诲我们，要多批评自己，少责怪别人，这样才能让别人喜欢，才能很好地和别人交往，才能让人信服。

为了激励别人的热情、赢得人们的忠诚，就应该和人们共享荣耀；他们胜利时，奖勉有加；出现过失时，替他们承担责任，先批评自己。

在某些特定的情况下，比如当我们出现在陌生人面前或者想要把自己的新思想介绍给熟人时，往往要面临怎样去消除与他人之间的隔阂问题。在这种情况下，拿自己开涮，就是有用的一招。

威尔逊被选为新泽西州州长时，在"纽约南社"举行的一次午宴上，主人把他介绍成是"未来的美国大总统"，这自然是对威尔逊的一种恭维。威尔逊讲了几句开场白后，针对这个抬举开起了玩笑："我感觉自己在某一方面——我希望只是在这方面——类似于别人给我讲的一个故事里的人物。"接着他讲了一件趣事：一次，也是几个朋友在一块聚会。当时有个朋友想挑战一下一种有名的威士忌——"松鼠"酒，之所以取名"松鼠"，是因为据说凡是喝了这种酒的人都会爬树。结果，有位先生喝得太多了。当大家一起去搭火车返回时，他竟把方向给弄反了——本来他应该往北去，他却坐上了往南的火车。他的伙伴们想把他弄回去，就打电报给列车管理员说："请把那个叫约翰逊的小子送到往北的火车上来，他喝醉酒了。"没想到立刻就有了回电："请说得详细点。这车子里有 13 个这样的人——他们既不知道自己的姓名，也不知道目的地在哪儿。"

讲完这个故事后，威尔逊幽默地说："我现在倒确实是知道自己的名字，可是我却不能——像那些先生一样——确定我的目的地在哪儿。"听众们哄堂大笑。紧接着，威尔逊又讲了另外一个令人捧腹的滑稽故事，听众们被他彻底征服，从而调动起了大家欢快的情绪。

威尔逊的讲话之所以获得了很好的效果，是因为他抓住了大家的心理：当说笑话的人拿自己打趣时，他往往能引起人们的大笑特笑，听众认为这种笑话是值得一笑的。然而，威尔逊的目的并不仅仅满足于博人一笑。实际上，他是用了一个最有力量的方法——以牺牲"自我"为代价，把别人的"自我"提高起来——来消除一些固有的嫌隙，获取人们对他的支持和帮助。当时，在听了故事而发笑的人中间，恐怕很少有人注意到自身所产生的变化吧。但事实就是，他们立刻对威尔逊产生了好感。

那些久负盛名的成功人士也常常会这样做，对于手下聪明能干的，尤其是某些方面强于自己的人才，他们就用这个办法去拉拢和操纵。至于那些庸人们，他们根本就不会懂得这一道理。他们一定会把自己看得非同小可，希望从头到尾自己就是全部工作的主体，还动不动就对能干的下属心怀嫉妒——实际上也是因为他们自己不被人看重所致。可是，真正的大人物眼光长远，满足一己的虚荣对他们来说远不如结果重要。

这种处世策略对我们大有裨益，但我们常常忽略了它，而许多有能力的人往往利用这种策略而获得显著的成果。同样，反其道而用之，亦有意想不到的收获。

乔治·罗纳在维也纳当了多年的律师，但是在第二次世界大战期间，他逃到瑞典，一文不名，很需要找份工作。因为他能说并能写好几国文字，所以希望能够在一家进出口公司找到一份秘书工作。绝大多数公司都回信告诉他，因为正在打仗，他们不需要这一类的人。

不过有一个人在给乔治·罗纳的回信上说："你对我生意的了解完全错误。你既蠢又笨，我根本不需要任何替我写信的秘书。即使我需要，也不会请你，因为你甚至连瑞典文也写不好，信里全是错字。"

乔治·罗纳看到这封信的时候很是生气。于是决定写一封信，想进行反驳，责骂这个人的无知与无礼，目的是想使那个人大发脾气。但接着他就停下来对自己说："等一等，我怎么知道这个人说的是不是对的？我学过瑞典文，可是并不是我的母语，也许我确实犯了很多我并不知道的错误。如果是这样的话，那么我想要得到一份工作，就必须再努力学习。这个人可能帮了我一个大忙，虽然他本意并非如此。

他用这种难听的话来表达他的意见，并不表示我就不亏欠他，所以应该写封信给他，在信上感谢他一番。"

于是乔治·罗纳撕掉了他刚刚写好的那封骂人的信，另外写了一封信说："你这样不嫌麻烦地写信给我实在是太好了，尤其是你并不需要一个替你写信的秘书。对于我把贵公司的业务弄错的事我感到非常抱歉，我之所以写信给你，是因为我向别人打听，而别人介绍说你是这一行的领导人物。我并不知道我的信上有很多文法上的错误，我觉得很惭愧，也很难过。我现在打算更努力地去学习瑞典文，以改正我的错误，谢谢你帮助我走上改进之路。"

没几天，乔治·罗纳就收到那个人的回信，请罗纳去见他。

罗纳去了，而且得到了一份工作。

说到底，"躬自厚而薄责于人"，从主观方面来说反映了一个人的思想修养，从客观方面来说也是一个正确处理人际关系的问题。因此，很值得我们高度重视并落实到实际的人际交往中。

在人性中，有本能地排斥批评心理，即使是最明智、最明达的人物，也不能避免。因此，当你想要批评某个同事、朋友或家人时，不妨先问问自己，自己够资格批评他们吗？自己是否批评了一件自己有时也会做错的事呢？他们没有按照自己的方式去做，就代表他们错了吗？或许你会发现，当你认真考虑别人的行事方法时，你也会学到许多处理事情更好的方法。

宽恕别人就是再给别人一次机会

【原典】

子张问行。子曰："言忠信，行笃敬，虽蛮貊之邦，行矣。"

【古句新解】

子张问怎样才能使自己通达。孔子说："说话忠诚守信，行为笃实严谨，即使到了偏远落后的地区，也能够通畅。"

自我品评

有时宽恕即是一种信任，当一个人犯了错误，却是可以原谅的时候，那么不妨再给他一次机会。或许你的宽恕，将会改变他的一生，也将为你的人生增添一道彩虹。

当一个小孩学习走路的时候，他总会不断地摔跤，而做父母的总是会鼓励他再来一次。事实上，他自己也会很勇敢地爬起来继续学走路，哪怕紧接着又是一次摔跤。可是当孩子成长为大人，开始步入社会之后，身边的人就会变得严苛起来，往往不会给他再来一次的机会，他自己也会失去重新再来的勇气，结果是错过一次就永远无法翻身。

因此，很多时候人们会因为别人的某一次过错，而断送他的一生。

如果我们能宽容一点，给他再来一次的机会，鼓励他，而不是打击他，那么也许你真的可以看到奇迹。

在美国南北战争期间，有一个名叫罗斯韦尔·麦金太尔的年轻人被征入骑兵营。由于战争进展不顺，兵源奇缺，在几乎没有接受任何训练的情况下，他就被匆忙地派往战场。在战斗中，年轻的麦金太尔被残酷的战争场面吓坏了，那些血肉横飞的场景使他整天都担惊受怕，他终于开小差逃跑了，但很快就被抓了回来，军事法庭以临阵脱逃的罪名判他死刑。

当麦金太尔的母亲得知这个消息后，她向当时的总统林肯发出请求。她认为，自己的儿子年纪轻轻，少不更事，他需要第二次机会来证明自己。然而部队的将军们力劝林肯严肃军纪，声称如果开了这个先例，必将削弱整个部队的战斗力。

在此情况下，林肯陷入两难境地。经过一番深思熟虑后，他最终决定宽恕这名年轻人，并说了一句著名的话："我认为把一个年轻人枪毙对他本人绝对没有好处。"为此他亲自写了一封信，要求将军们放麦金太尔一马："本信将确保罗斯韦尔·麦金太尔重返兵营，在服完规定年限兵役后，他将不受临阵脱逃的指控。"

如今，这封褪了色的林肯亲笔签名信，被一家著名的图书馆收藏展览。这封信的旁边还附有一张纸条，上面写着："罗斯韦尔·麦金太尔牺牲于弗吉尼亚的一次激战中，此信是在他贴身口袋里发现的。"

一旦被给予第二次机会，麦金太尔就由怯懦的逃兵变成了无畏的勇士，并且战斗到自己生命的最后一刻。由此可见，宽恕的力量是何等巨大。由于种种原因，人不可能不犯过失，但只有宽恕才能给人第二次机会，只有拥有第二次机会才有可能弥补先前犯下的过失。

包布·胡佛是一位著名的试飞员，并且常常在航空展览中表演飞行。一天，他在圣地亚哥航空展览中表演完毕后飞回洛杉矶。在空中300米的高度，两台引擎突然熄火。包布·胡佛凭借熟练的技术和丰富的经验，使得飞机安全着陆，虽然飞机严重损坏，但幸运的是没有人受伤。

在迫降之后，胡佛的第一个行为是检查飞机的燃料。正如他所预料的，他所驾驶的这架第二次世界大战时的螺旋桨飞机，居然加的是喷气机燃料而不是汽油。

　　回到机场以后，他要求见见为他保养飞机的机械师，那位年轻的机械师为所犯的错误感到极为难过和惶恐。当胡佛走向他的时候，他正泪流满面，他造成了一架非常昂贵的飞机的损失，而且差一点还使得三个人失去生命。

　　大家都以为胡佛必然大为震怒，并且预料这位极有荣誉心、事事要求精确的飞行员必然会痛责机械师的疏忽。但是，出乎大家意料的是胡佛并没有责骂那位机械师，甚至于没有批评他。相反的，他用手臂抱住那个机械师的肩膀，对他说："为了表示我相信你不会再犯错误，我要你明天再为我保养飞机。"

　　胡佛的宽容令人折服。

　　宽恕别人就是再给别人一次机会，有时也是给自己一个机会。《菜根谭》里说："路径窄处留一步，与人行；滋味浓时减三分，让人嗜。此是涉世一极乐法。"这句话的意思是说，在狭窄的小路上行走时要留出让合作者能通过的空隙，不可把整条路都占尽了；得到利益时不妨让三分与合作者共享，不可一个人独享好处。

能容人者人亦容之

【原典】

或曰：以德报怨，何如？子曰：何以报德？以直报怨，以德报德。

【古句新解】

有人说："用恩德来报答怨恨怎么样？"孔子说："用什么来报答恩德呢？应该是用正直来报答怨恨，用恩德来报答恩德。"

自我品评

有的人很奇怪这样一种现象，某位严厉的领导对一般人很苛刻，听不得丝毫不中听的话，可对某一个人却网开一面，即使他顶撞自己也不以为意。其实也没有什么好奇怪的，这位敢于顶撞领导而又不被责怪的人，多半是个无私、正直的人，而他的无私与正直很多时候恰恰体现在对其他人，包括对批评、诋毁自己的人的宽容上。

唐朝名相狄仁杰当并州都督府法曹时，同僚郑崇质奉命出使去一个很遥远的蛮荒之地。郑崇质有一个年老而且多病的母亲，让他丢下老母只身远行，他心里很不是滋味，非常担心自己走后无人照料母亲。狄仁杰见状十分同情，就求见作为主管长官的长史蔺仁基。狄仁杰对蔺仁基说："郑崇质的母亲老弱如此，我们怎么能忍心他在万里之外还要为老母担忧呢？"他自告奋勇，愿意代替郑崇质出使。

狄仁杰的举动使蔺仁基深受感动。此时蔺仁基正和司马李孝廉闹矛盾，两个人不但在公事上互相拆台，而且平时也形同陌路，都以看对方出丑为乐事。面对急公好义的狄仁杰，蔺仁基非常惭愧，于是主动去找李孝廉，把狄仁杰的事说了一遍，并深有感触地叹道："与仁杰相比，我们难道能不自惭形秽吗？"李孝廉果然也深受震动，二人从此友好相处。

不仅对同僚爱护，即使是对曾经诋毁过自己的人，狄仁杰也能从大局出发，不计较个人恩怨，与他们和睦相处。狄仁杰秉性耿直，喜欢据理力争，有时不免当面顶撞武则天，但对臣下一贯非常严苛的武则天对狄仁杰却十分敬重，不但不介意狄仁杰的顶撞，反而常常会爽快地接受他的意见。

有一次，武则天到洛阳附近的三阳宫避暑，有一个西域来的和尚请武则天去观赏佛教圣物舍利子，笃信佛教的武则天很高兴地答应了。但是，当她准备出发时，狄仁杰却跪到了驾前，他振振有词地说："佛不过是夷狄之神，不应凌驾于天下之主之上。再说，山路险狭，很不安全，陛下此行实在有所不宜。"当时武则天只是一笑置之，仍然坚持上路。但是走到半路，她却越想越觉得狄仁杰说得有理，于是又下令打道回宫，一边还自我解嘲说："这是为了成全我这位直臣的气节。"

武则天平时尊称狄仁杰为国老，而不直呼他的名字，这更是其他大臣望尘莫及的殊荣。狄仁杰晚年腿脚不便，武则天便特许他在朝见的时候不用行跪拜之礼，并开玩笑说："每次见到你跪，朕的身子也会痛起来。"

当时的大臣都必须在宫中宿值，考虑到狄仁杰年老体弱，武则天就免除了他的差使，并对其他大臣说："你们尽量不要去麻烦狄公，除非是军国大事。"与其他许多在武则天手下或被杀或遭贬的重臣相比，狄仁杰这样一个并不曲意逢迎、明哲保身的人却能平安无事，实在是一个奇迹。

其实，这也是因为他为人虽然并不刻意讨好武则天，但是刚正耿直，非常有原则。更重要的是他能以其耳顺、包容的品质赢得人心，且对武则天忠心耿耿，断案处事非常严明，是难得的良臣，所以武则天才如此器重他。

所以说，耿直并没有错，以包容他人为基础的耿直不仅成全了自己的良心，还能够得到人们的赞赏和美誉。当然，对于一个耿直的人来说，后者并不是预期要获得的，那是命运额外的奖赏。

当乔丹在公牛队时，年轻的皮蓬是队里最有希望超越他的新秀。年轻气盛的皮蓬有着极强的好胜心，对于乔丹这位领先于自己的前辈，他常常流露出一种不屑一顾的神情，还经常对别人说乔丹哪里不如自己，自己一定会把乔丹击败一类的话。但乔丹却没有把皮蓬当作潜在的威胁而排挤他，反而对皮蓬处处加以鼓励。

有一次，乔丹对皮蓬说："你觉得咱俩的三分球谁投得好？"

皮蓬不明白他的意思，就说："你明知故问什么，当然是你。"

因为那时乔丹的三分球成功率是 28.6%，而皮蓬是 26.4%。但乔丹微笑着纠正："不，是你！你投三分球的动作规范、流畅，很有天赋，以后一定会投得更好。而我投三分球还有很多弱点，你看，我扣篮多用右手，而且要习惯地用左手帮一下，可是你左右手都行，所以你的进步空间比我更大。"

这一细节连皮蓬自己都没注意到。他被乔丹的大度感动了，渐渐改变了自己对乔丹的看法。虽然仍然把乔丹当作竞争对手，但是更多的是抱着一种学习的态度去尊重他。

一年后的一场 NBA 决赛中，皮蓬独得 33 分（超过乔丹 3 分），成为公牛队中比赛得分首次超过乔丹的球员。比赛结束后，乔丹与皮蓬紧紧拥抱着，两人泪光闪闪。

乔丹不仅以球艺，更以他那坦荡无私的广阔胸襟赢得了所有人的拥护和尊重，包括他的对手。

能容人者人亦容之，继而敬之。正如比尔·盖茨所说："以宽容的态度对待失败者正是硅谷成功的关键之所在。"在竞争中能够做到宽容的人是品德高尚的人。想超越别人不一定要期望别人遇到障碍，甚至故意给别人设置障碍。活在这个世界上，不仅要让自己更强大更优秀，同时还要真诚地欣赏别人的长处，这才是光明磊落的行为，这样，才能赢得合作者真心诚意的尊敬。

第三章 亲亲达人

——孔子原来这样说孝

　　善之极莫大于孝。父母养育了我们，才有了我们今天的幸福生活。当父母健在时，我们应该尽自己最大努力让父母过得好，并且要抽出时间常回家看看二老，和父母共享天伦之乐，不要让自己有"子欲养而亲不待"的遗憾。当然，行孝有很多种方式，但不管哪种方式，孝都要出自内心的感恩之情。乌鸦反哺，羔羊跪乳，兽犹如此，人何以堪？

善之极莫大于孝

【原典】

子曰：事父母几谏，见志不从，又敬不违，劳而不怨。

【古句新解】

孔子说："侍奉父母，如果父母言行有什么不对的地方，要委婉地进行劝说。如果父母不肯听从的话，那也应当保持恭敬之心，不要违背父母的意愿。继续替他们操劳而不怨恨。"

自我品评

生活中，我们常会和父母意见不一致，这是很正常的。因为同样的问题，由于人们的思维方式不同而导致最终的理解会出现差异。于是，矛盾产生了，代沟也就产生了。那么，在这个时候，在这种情况下，怎么孝顺父母呢？

孔子认为，当我们与父母意见不同时，可以陈述自己的见解，但不要固执己见。父母听你的劝告最好，不听也不必较真。父母说让你干什么你能干就去干，不能干也别直接就推辞，免得伤了老人家的心。

孝顺是一种美德。有的子女为了让父母开心快乐，不惜身受委屈和冤情。春秋时的申生是晋献公的太子，就是一个有名的孝子。

公元前 663 年，晋献公讨伐骊戎时，骊戎求和，以国君的女儿和亲，晋献公封她为骊姬。骊姬生了个儿子，名叫奚齐。子凭母贵，奚齐深受宠爱。骊姬想立奚齐为太子，就向献公说太子申生的坏话。于是，晋献公就让申生到曲沃居住，让公子重耳到蒲城居住，让公子夷吾到屈居住。

僖公四年，骊姬想害死太子申生，就派人通知申生，说晋献公梦见了申生的母亲齐姜，要求申生立即祭祀她。申生于是在曲沃祭祀了齐姜，并把祭祀用的肉献给晋献公。当时恰逢晋献公出外打猎，骊姬就把肉收了起来。过了六天后，晋献公回来，骊姬在肉里下了毒，然后把肉献给献公。晋献公拿这些肉来祭地，地面马上鼓了起来。骊姬哭着说，这定是太子想加害大王。

太子申生知道是骊姬陷害自己，于是逃跑到了新城。有人劝申生去向晋献公辩解，申生却说，父亲非常宠爱骊姬，如果没有骊姬，就会吃不好、睡不好。自己如果辩解，骊姬就会获罪，到时候晋献公会很不快乐。申生终究没有辩解，自己吊死在新城。

申生以自己的性命来实现父亲的快乐，也是一种至孝的表现。虽然他这么做有些迂腐，但是却体现了最诚挚的孝心。

其实，家庭中的许多争吵以及由此带来的成员之间的冷漠，都是由缺乏相互间的理解、固执、自我所造成的，其最终结果必然是相互伤害。所以，孝顺父母就一定要走进父母的内心世界，学会理解他们的想法。

在我国源远流长的历史长河中，无数古圣先贤以仁德流芳百世。上古时代，有三位非常著名的帝王：尧、舜、禹，他们均因德行至大而受四方推举登上帝位，其中，舜因至孝感动天地，被尧帝选中为继承人，他的故事也被列为历代孝行故事之首。

尧年老时，想要隐退，不再担任天下之王，便询问手下负责四方事务的官员："我年老了，无法再继续担负天下的责任，你们推选出一个人来接替我吧。"官员们异口同声推荐舜，尧说："我也听说民间有这样一个人，你们再把他的主要事迹说一下吧。"官员们便对尧说了舜的事迹。

舜的父亲是个盲人，性情古怪偏执。舜的母亲死得早，后母既讨厌他，又怕他和自己的儿子象分家产。因此，舜的后母和弟弟象千方百计想害死舜。一次，两人把舜住的房子放火点燃，想烧死他，可是大火过后，舜却安然无恙地走了出来。他的后母和弟弟既感到不可思议又感到恐惧，便怂恿舜的父亲下手。舜的父亲在二人的百般劝说下也同意了，把儿子推入一口深深的井里，然后挖土埋上。

正当舜的后母和弟弟欢庆除去了眼中钉时，舜却又完好无损地出现在他们面前，原来那口井里有一条隐蔽的通道通向地面。

舜的后母和弟弟害怕了，认为这是上天在保佑舜，不敢再起害他的念头，舜的父亲也羞愧难当，舜却像根本没有这些事一样，始终如一地对父亲尽孝道，对后母如对亲生母亲一样，对待弟弟也极尽疼爱。最终，舜的孝行感化了顽固的父亲、偏心狠毒的后母和狂傲暴躁的弟弟，从此他们像一家人一样相亲相爱。

尧听说舜的事迹后，虽然满意，但还是有些不放心，就把自己两个女儿嫁给舜，考查他在处理夫妻关系上的能力如何。三年后，舜证明自己在处理夫妻关系上，和处理父子、兄弟关系一样无可挑剔，尧这才放心地立舜为自己的接班人，把帝位禅让给舜。

就如晚清重臣曾国藩所说，孝顺和友爱做到了会立即得到回报。上面舜的故事就是个很好的例子。而曾国藩本人也非常重视孝悌之道。他从来不因为自己是家中长子长孙，并且为官最高、权势最重而骄傲自满，责骂他人。相反，他从不以辈分和身份压人，而是把自己看作家族中不可缺少的一员。他与父母亲族、兄弟姐妹相处和睦，处处以宽厚行事，以身作则，使得曾氏家族跳出了"富不过三代"的历史怪圈，成为历百年而不衰之家族。根据调查，曾国藩及其四兄弟家族，绵延至今190余年间，共出有名望之人才240余人，每一代都有杰出的人物出现，而没有出过一个纨绔子弟。这在历史上是非常罕见的。

百善孝为先，唐代诗人孟郊诗云："谁言寸草心，报得三春晖。"要知道，世界上只有不伟大的子女，而没有不伟大的父母。我们应牢记父母的养育之恩和无私的爱，用我们的一生来回报他们。并且，对父母孝顺、懂得对父母忍让的人，才能得到他人的尊重。

父母唯其疾之忧

【原典】

孟武伯问孝，子曰：父母唯其疾之忧。

【古句新解】

孟武伯请教孝道。孔子说："关心父母的病痛是讲求孝道之关键。"

自我品评

一次，孟武伯问孔子，什么是孝，孔子回答说："父母，惟其疾之忧。"意即关心父母的病痛是讲求孝道之关键。

孔子要求众人："父母在，不远游，游必有方。"意思是：父母在世，不远离家乡；如果不得已要出远门，也必须有一定的地方。就是要求子女经常在父母面前尽些孝心。

作为父母，当他们决定养育一个孩子时，就已经下了做出重大牺牲的决心，无论孩子有什么先天疾病，或者是后天缺陷，都可以包容，因为养育孩子是他们的责任，孩子是他们的血脉。但当孩子已经长大成人，已经到了应该自谋出路的年龄，是不是还应该再赖在家里，仍由父母养活呢？

找工作，独立生活，计划开支，甚至交朋友，买房子成家，这都应该是成年子女完全自理的事情。如果还让老人家操心，替你张罗，替你出钱、出力的话，就太过分了。为人子女，应该心里明白，哪些事可以让父母为你操操心，哪些事应该独立解决，不能再给父母添麻烦了。

孔子和孟武伯之间关于孝道的对话也涉及这一点。子女生病了，父母免不了要担忧，但在其他方面就不要让他们操心了。能做到这一点，就是孝。但当今社会，往往有人做不到这一点。不仅不以此为耻，反而是无动于衷，漠然视之。正如巴尔扎克笔下的高老头的女儿们一样，只知索取，不愿奉献。他们自私自利，总是把麻烦事向父母转嫁，把劳累向父母转移，一而再，再而三地把种种劳务加在他们的身上，似乎父母有永远用不完的气力，似乎父母对他们有永远尽不完的义务，是他们不必花钱的终生义工。

有一谜语打一类人群，谜面是"一直无业，二老啃光，三餐饱食，四肢无力，五官端正，六亲不亲，七分任性，八方逍遥，九（久）坐不动，十分无用"。谜底是：啃老族。

"啃老族"在我国是个新名词，却是个舶来品。它的前身叫"袋鼠族"。最早见于法国的《快报》，是指大学或其他学历毕业后，到了就业年龄，却以薪水少等为理由，仍依赖父母的那些年轻人。

在中国，"啃老族"是个新群体，且不断壮大增加，由此带来很多不和谐的社会问题。根据老龄科研中心的调查，中国有高达65%以上的家庭存在"老养小"现象，有30%左右的成年人基本靠父母供养。这些早该自立却因种种原因依然"吃定"父母的人被媒体称为"啃老族"。

25岁的北京青年李晓斌是独生子女，5年前从部队退役后当起了保安。但他很快就觉得这份工作收入低、没有前途，于是就辞职回家。李晓斌后来又找过几份工作，也都不满意，便逐渐对找工作失去信心，甚至产生恐惧。如今，他已经在家闲了2年，无论父母如何相劝，都不愿再找工作。整天在外闲逛、玩电子游戏，没钱就找父母要。

李晓斌的父母虽然都有工作，养活儿子问题不大。但眼看着老两口离退休已经不远，儿子却不愿工作，也没有工作技能，老两口担心：

他们退休后，家庭收入将大幅减少，而儿子还要娶妻生子，老夫妻的晚年生活会是什么光景？

现在，一些在"糖罐"中成长的孩子，却忘了自己的"糖罐"是从何而来，更忘了父母也有年迈需要照顾的一天，似乎自己得到一切都天经地义，一切都应让父母来照料。这样的"啃老族"，这样的孩子，带给父母的，除了忧虑、担心和经济、精神压力外，还能有什么呢？本来父母们领的工资或者退休金仅够他们自己生活，你不仅不向家里交生活费，反而伸手向父母要，他们的生活质量能不下降吗？他们心里能不为你担忧吗？如果这都不算不孝，那到底怎样才算不孝呢？

在当今社会，孝顺也是获得别人尊重和敬仰的首要条件之一。我们可以想象，如果一个人连尽孝都做不到，那就更谈不上其他良知了。"乌鸦反哺"、"狐死首丘"，甚至连动物都知道回报生养恩情，那么人作为高级动物更应该孝顺父母。

孔子的一生，都在孜孜不倦地追求"仁"，这是孔子的思想核心。而在他看来，"孝"则是实践"仁"的前提，所以他说："孝顺父母，顺从兄长，这是仁的根本啊。"

仲由因为"百里负米"，多次受到孔子的称赞。仲由，字子路、季路，春秋时期鲁国人，孔子的得意弟子，性格直率勇敢，十分孝顺。早年家中贫穷，自己常常采野菜做饭食，却从百里之外背米回家侍奉双亲。父母去世后，他做了大官，奉命到楚国去，随从的车马有百乘之众，所积的粮食有万斛之多。坐在垒叠的锦褥上，吃着丰盛的筵席，他常常怀念双亲，慨叹说："即使我想吃野菜，为父母亲去背米，哪里能够再得呢？"孔子赞扬说："你侍奉父母，可以说是生时尽力，死后思念哪！"

孔子的仁孝思想，乃中华民族之传统美德。千百年来，孝道教育一直被列为子女成长的"必修课"，孝道也从最初的道德规范而"引礼入律"，成为法律义务。

孝是中国的传统美德，是其他美德的基础，"乌鸦反哺，羔羊跪乳，不孝父母，禽兽不如"。父母对子女从未有所抱怨，给予子女的却是一种完整无私的爱。孟子对仁孝思想的发扬光大发挥了重要作用。他认为孝是仁的实质。因此，"事孰为大？事亲为大。"又说："孝子之至，莫大乎尊亲；尊亲之至，莫大乎以天下养。"推己及人，把最初产生和存在于家庭中的孝悌观念推广到整个社会，是孟子孝道观的独到见解。故孟子说："老吾老，以及人之老；幼吾幼，以及人之幼。"所以在赡养父母这个问题上，多想想当初父母是如何含辛茹苦地把你拉扯成人的，自己应该怎样去回报父母？

孝的根本在于取悦父母

【原典】

子游问孝，子曰：今之孝者，是谓能养。至于犬马，皆能有养，不敬，何以别乎？

【古句新解】

子游问什么是孝。孔子说："今天人们所说的孝，只是说能够向父母提供衣食生活之物。狗和马都能得到饲养，如果不真心孝敬父母，赡养父母与饲养犬马又有什么区别呢？"

自我品评

作为为人之本，"孝"贯穿于人类生活，而理解与宽容则是尽孝的一贯精神。一个不能理解父母，只是固执己见的人，是难以真正对父母尽孝的。他和父母生活在两个相互隔绝的心灵世界中，这是很尴尬、很悲哀的一件事。要想真正理解父母，还在于善于接受父母的意见，实现他们的心愿。至于这么做是否经济，已是次要的了，别忘了，孝的根本就在于取悦父母。我们在父母身心愉悦的过程中，自己也获得一种人生价值的实现和心灵的满足。孝的意义由此得以体现。

孔子非常重视父母子女间的感情交流，并强调子女对父母的尊敬、爱戴和赡养。诚然，行孝的最基本的要求是子女对父母的物质奉养，但是并不只停留在物质奉养上，孔子认为仅有物质上的奉养是不够的，还得在感情上对父母表示真诚的尊敬和爱戴。不过，孔子对"孝"的最高阐述是要求子女在父母生前按照父母的意愿行事，在父母死后继承他们的遗志立身。

在《论语》中有许多话，今天看起来仍然回味悠长，意韵深远。孔子与子游的这番对话，对许多现代家庭而言，具有相当的警醒作用。

对于尽孝而言，为父母提供基本的经济保障，以使父母衣食无忧，这是很必要的。但是，真正做到这一点也并不容易。中国历史上的无数次战乱、动荡曾经导致老百姓衣不蔽体，流离失所，甚至易子而食。在基本生存都成问题的前提下，哪里还谈得上奉养老人呢？当然，也有孝心迫切，乃至采取非常手段的。

唐代一个官员在审理一起盗窃案的时候，罪犯供认因自身能力有限，又年关将近，只好偷点东西，以表孝心。那位官员深受感动，就把这名罪犯放了。即使在现代社会中，由于就业困难而导致物质贫乏，进而难以奉养老人的情况也是屡见不鲜的。由此可见，成人立业、尽心行孝并不容易。

那么，尽孝是否就只是向父母提供衣食呢？当然不是。孔子所生活的春秋时期，社会上就曾经流行过这种观点。孔子对此很不满，并由此说了以上这段发人深省的话。孔子认为，如果尽孝只是向父母提供一些衣食，仅保证他们不挨饿受冻的话，那么，这种赡养与养牛养马、养猫养狗没有什么本质上的区别。

由此看出，孔子所说的尽孝并不仅仅是满足父母衣食等物质方面的需求，还要有一颗切实"恭敬"的心。孝顺父母，最基本的在于衣食，而最重要的则在于恭敬之心。

儿子回乡办完父亲的丧事，要母亲随他进城，母亲执意不肯离开清静的乡下，说过不惯都市的生活。儿子没有勉强母亲，说好以后每个月寄300元生活费。这个村子十分偏僻，邮递员一个月才来一两次。近年来，村子里外出打工的人多了，邮递员在村里出现的日子便是留守老人的节日。每次邮递员一进村就被一群大妈、大婶和老奶奶围住，争先恐后地问有没有自家的信件，然后又三五人聚在一起或传递自己的喜悦或分享他人的快乐。这天，邮递员交给母亲一张汇款单，母亲脸上洋溢着喜悦，说是儿子寄来的。这张 3600 元的高额汇款单在大妈大婶们手里传来传去，每个人都是一脸的羡慕。

过了几个月，儿子收到了母亲的来信，只短短几句，说他不该把一年的生活费一次寄回来，明年寄钱一定要按月寄，一月寄一次。很快，一年就过去了，儿子由于工作缠身，回老家看望母亲的想法不能实现，本想按照母亲的嘱咐每月寄一次生活费，又担心因为忙而忘了误事，便又到邮局一次性给母亲汇去 3600 元。

几天后，儿子收到一张 3300 元的汇款单，是母亲汇来的。儿子百思不得其解之际，收到了母亲的来信，母亲又一次在信中嘱咐说，要寄就按月给她寄，否则她一分也不要，反正自己的钱够花了。儿子对母亲的固执十分不理解，但还是按她的叮嘱做了。后来，他无意间遇到一个来城市打工的老乡，顺便问起了母亲的近况。老乡说，你母亲虽然一个人生活，但很快乐，尤其是邮递员进村的日子，你母亲像过节一样欢天喜地。收到你的汇款，她要高兴好几天哩。儿子听着听着已泪流满面，他此刻才明白，母亲坚持要他每个月给她寄一次钱，就是为了一年能享受 12 次快乐。母亲的心不在钱上，而在儿子身上。

孝不仅仅在于为父母提供衣食，更重要的是发自内心的"爱"和"敬"。空巢老人缺的不仅仅是钱，他们更希望得到子女的关心。

在今天交通便捷的时代，"父母在，不远游"似乎已成了荒唐可笑的言论。然而，古代交通不便，音讯难通，不像今天从南疆到北国飞机可当天来回，手机漫游全国，随时可以打一通回家。那时远游在外，少说也是一年半载，万一父母急病或紧迫有事，难以召回，往往误了大事，甚至还错过了给父母送终的时机。所以，"父母在，不远游"并不是无稽之谈，而是要求做子女的要时时不忘孝敬父母的义务，在安排自己的活动时要想一想父母在家的实际情况，加以合理的调整。

现代社会生活在一定程度上愈来愈崇拜金钱与物质，有些人甚至以为它们无所不能。殊不知，金钱和物质是换不来一个人的亲情与孝心的。孝不仅仅是形式，更是一种发自内心的真挚情感，是一种爱的体现。

很多人离开家乡去外面打天下，有的成功了，有的没成功，都无一例外地蹉跎了岁月。他们或因成功而忙碌，没有时间去看父母；或因一事无成而羞于见爹娘。这样就出现了一个奇怪而又残酷无比的普遍现象：他们一去无回，等终于有一天回到家中一看，才发现父母老了、病了，甚至已经永远地离开了他们。

其实，孔子强调"孝"的重要性，这是对父母的尊重，也是对我们人生起源的严肃思考，更是对自我的肯定。爱父母才能爱自己。在哲学家与科学家看来，每个人与自己的父母其实比想象的更接近。我们都应该感谢父母给了我们生命，对父母孝顺不仅是一种回报，更是为了做好自己。因此，我们做子女的就应该多爱父母，多想父母，常回家看看父母！

父母之年，不可不知

【原典】

子曰：父母之年，不可不知也。一则以喜，一则以惧。

【古句新解】

孔子说："父母的有生之年，不可以不知道；当父母还健在的时候能够侍奉膝下，能够尽自己的孝心，是一件可喜的事情；与此同时，尽孝的日子也是一天天减少，心里很害怕'子欲养而亲不待'，于是内心担忧不已。"

自我品评

在《论语》里面，有很多关于亲情的具体而入微的论述，因为孔子本身就是一个非常重亲情、讲孝道的人。

孔子3岁丧父，因其母非明媒正娶，族人葬其父时，不让孔子母亲参加。孔子后随母迁居曲阜，20多岁时，母亲逝世。依照当时的礼俗，夫妇死后应葬在一起。但孔子不知父亲葬在何处，便将母亲棺柩有意停放在"五父"这个地方的交叉路口，以引起人们注意，自己好打听父亲的葬处。后来，从一位拉车人母亲的口中知道了父亲的葬处，才将母亲棺柩移过去，将父母合葬在一起。

按古时的风俗，葬人不能堆土起坟。孔子却破例在父母合葬处堆了高坟。他说："我孔丘命中注定是四处漂泊之人，不可不在父母葬处做个标志。"合葬后，孔子回到家中，听后回来的家仆说，暴雨倾盆，坟塌了。孔子不禁泪流满面，叹道："我听说，古代是不修坟的啊！"

孔子认为，"父母之年，不可不知"。文字虽然浅显，却是意味深长。"年"，望文生义，指的是年纪。对自己父母的年纪，子女当然不可不知，这是一个起码的要求，若连这个都不知道，那就是枉为子女。但这里所说的父母之年，除了指父母的年纪之外，还有更深一层的意义，即作为子女，除了要知道父母的年纪之外，更重要的是要知道父母之年意味着什么，并做出相应的反应，不可对此熟视无睹，麻木不仁。

那么，父母之年意味着什么？意味着父母年事已高，身体衰弱，而再进一层，则意味着不知什么时辰，就会突然离去，撒手人寰。因此，孔子在"父母之年，不可不知"之后，紧接着说："一则以喜，一则以惧。"之所以喜，是因为父母健在享高寿，儿女可以一尽孝心，侍奉膝下；之所以惧，是因为忧父母于世很可能已时日无多，害怕"子欲养而亲不待"。

父母之年背后隐含的于世时日无多这层意味，是无情的、残酷的，但这是客观规律，谁也无法改变和扭转，因而也是让人无奈的。那是不是就只能任其发展，无所作为了呢？答案是否定的。因为子女可以在父母的有生之年，尽力孝顺，多给父母以关心和照料，回报父母的养育之恩。这样，当父母百年之后，我们也就不会因为没有好好孝顺而悔恨不已了。

孝敬父母，尽可能的给父母回报，这正是许多孝子的所作所为。他们从不计较在父母身上付出了多少，也不惦记父母的财物和觊觎父母的积蓄；他们关心父母的饮食起居，不信奉所谓的"久病床前无孝子"；他们在意父母隆冬是否冷、酷暑是否热，他们不用父母开口就会给老人置办所用所需；他们总是抽时间陪父母聊天说话，他们不仅要父母身体健康还要父母精神愉快，他们尊重老人的意愿而不自作主张，如此等等。总之，他们只有想不到的没有做不到的，恪守着作为子女的责任和义务。

　　还有一种子女，他们也知道要孝顺父母，也有孝心，但总是因为种种原因而一再推延。想想，我们总是跟父母说的一句话是什么？就是："妈，我最近不回来看你了，实在是太忙了。"

　　忙，有时候是可以忙忘的，但有时候忙是可以取舍的，取重而舍次。什么是重？人们往往觉得事业是重的，朋友的快乐是重的，在这种时候，父母往往是被忽略的。

　　我们总是能听到父母说这样一句话："你去忙吧，要是太忙就不用着急回家来，打个电话就行了，让我知道你好就行。"而孩子们呢，则往往把这些话当成真话，从没仔细想想父母的真实感受。

　　孔子说："父母之年，不可不知也。一则以喜，一则以惧。"对于父母的年龄，子女不能不知道。父母又增了一岁，子女应当既感到喜悦又心怀惧怕。还有一层意义，就是让大家反省一下：你是否还记得父母的生日呢，你尽到孝了吗？

　　每个人都熟记自己的生日。除了自己的以外，日常生活中，肯定还记着朋友、同学、老师、上司等其他人的生日，以便我们能够提醒自己及时地为他们送去祝福。可见，过生日已渐渐成为一个人生涯中不可或缺的内容。但是，我们中有许多人却不大能说得清或记得住自己父母的年龄与生日。有人说：人是一种习惯于忘恩负义的动物。这话虽然有些刻薄，却也算得上是有感而发了。

　　比尔·盖茨一次在飞机上接受意大利《机会》杂志记者的采访，记者提了三个问题请他回答。其中有一个是："最不能等待的事情是什么？"令记者吃惊的是，比尔·盖茨说："天下最不能等待的事情是孝敬。"

　　其实，我们的许多遗憾与悔恨往往就源于自己对已有生活的冷漠。相反，我们对自己未曾得到的东西则总是充满渴望和关注，并且孜孜以求。"得到的太容易，所以不知道珍惜。得不到的东西，才是最好的。"这是一种很矛盾的心理。它使我们在不断追求外在新事物的同时，又不断失去自身所拥有的更宝贵的东西。试想一下，这世上可有比父母之爱更无私伟大的情感吗？

也许，只有在遇到亲人突遭变故时，比如生了重病、故去，我们才突然感觉到亲情的弥足珍贵，对我们曾经因忙碌而淡忘了亲情深深地自责。

有一个成功人士，正当他功成名就时，他的母亲却去世了。母亲临终时，他因为一笔生意在外地，未能见上母亲最后一面。这个成功人士的悲痛心情，我们不难想象。自己的事业是成功了，可最亲爱的母亲却不能与自己分享成功的喜悦。自己每天忙于事业，从一地到另一地，飞来飞去，可极少有时间陪陪孤独的母亲，同她唠唠家常，为她梳梳头……这时，再多的财富，也无法弥补这亲情的失落了……

如果我们现在认识到自己以前的不足之处，幡然醒悟，还是来得及的。记住：对谁不好，也不能对自己的父母不好；谁跟你再亲，也不如父母跟你亲。父母的年纪越来越大了，不抓紧时间尽孝，留给你的除了悔恨和自责，还能有什么呢？"树欲静而风不止，子欲养而亲不待！"这是人世间最悲怆的痛苦！父母健在就是子女们的福分，所以，当我们的父母还健在，作为子女的我们还有机会报答时，让我们尽量多陪陪父母，多为他们想一点、做一点。

"父母之年，不可不知。"这句话告诉我们，为人子女者，要有良心，要有良知，要以尽孝者为榜样，要有尽孝的紧迫感，不可只想着让父母为自己一再付出，而应多想想父母在自己从小到大，成家立业这一漫长过程的恩重如山，多想想"父母之年"所隐含的残酷意味，在"父母之年"多做反哺回报。

在家尽孝方能为国尽忠

【原典】

子曰：弟子，入则孝，出则悌，谨而信，泛爱众，而亲仁。行有余力，则以学文。

【古句新解】

孔子说："学生们在家里要孝顺父母，在外要敬爱兄长，做事要谨慎而诚实，博爱众人，而亲近仁德的人，躬行实践之后有剩余的力量，再去学习《诗经》、《尚书》等经典。"

自我品评

自古云：将门出孝子。在中国的历史长河中，有很多的将门孝子，他们精忠爱国，孝于父母，因此而留下忠孝双全之美名。凡能成大事者，在孝道上都是尽力而为之的，在家尽孝、为国尽忠二者是相通的，一个不愿尽孝的人，也不会为国尽忠，这是由人的本性所决定的。

北宋抗金英雄岳飞就是以忠孝流传于世的。岳飞率军南渡后，母亲留在了河北，他便派人去寻访母亲，并且把母亲迎接归来，尽心侍奉。一次，他的母亲患很难治愈的疾病，原本有很多下人侍奉，但他每次端药喂药一定要亲自来，衣不解带守候母亲，直到母亲痊愈。母亲过世之后，他一连三天不喝水不吃饭，他的家里也没有姬姜陪侍。岳飞对子女教育也很严格，要求他们每天做完功课后，必须下地劳作。除非节日，不得饮酒。宋时有"任子恩例"，官员品级越高，子女可享受的官阶越高，次数越多。岳飞勉励儿子们"自立劬劳"，仅用了一次"恩例"，还是为被秦桧迫害致死的老上级张所之子张宗本而用。而岳云屡立殊勋（多次战斗中"功第一"），岳飞却多次隐瞒不报。为此张浚说："岳侯避宠荣至此，廉则廉也，然未得为公也！"（岳侯推避荣耀到了这个地步，廉洁固然是廉洁了，却不见得公正！）岳飞答道："父之教子，怎可责以近功？"（父亲教育儿子，怎么能让孩子有急功近利的思想？）虔城百姓暴乱时曾惊扰孟太后车驾，被岳飞平定后，高宗密旨屠城，岳飞冒险屡次求情，保全了一城老小。岳飞说："文臣不爱钱，武臣不怕死，天下就太平了。"岳飞的部队每次安营扎寨的时候，他都命令将士下陡坡跳战壕，将士们穿着厚重的铠甲练习；儿子岳云曾在练习下陡坡时，马失蹄了，他愤怒地拿鞭子抽他；兵卒里有拿百姓一缕麻用来绑草垛的人，立刻斩杀了他以严守法令；士兵们晚上休息，百姓开了自家的门愿意接纳他们，没有敢进入的兵卒。岳飞部队的口号是"冻死不拆屋，饿死不掳掠"。士兵有疾病，岳飞亲自为他们调药；各个将士到远方戍边，岳飞派遣妻子问候慰劳他们的家属；死于战事的部将，岳飞为他们哭泣并且养育他们的孤儿，或者把自己的儿子和他们的女儿婚配。大凡有颁奖犒赏，平均分配给军官小吏，一点都没有私心。岳飞擅长用少数兵力攻击大股敌军。他每有所举动的时候，就会召集各位一起谋划，准备周全以后再战斗，所以只有胜利没有失败。当突然遇到敌人的时候，就按兵不动。所以敌人说他们是："撼山易，撼岳家军难。"

在清朝后期，曾国藩堪称忠臣、重臣，但他在写给家人的信中反复提到："居官不过偶然之事，居家乃是长久之计。"这也是他一生为官的心理写照。曾国藩始终把居家放到做官之上，认为家才是一个人长久的安身之地，而为官只是一个人一生中偶然为之的事情，在留给子孙的遗嘱中也时有提到。他认为官场复杂险恶，伴君如伴虎，稍有不慎就会获罪，从而牵累全家。因此，他并不要求子孙后代刻意求取功名。正如他写给次子曾纪鸿的信中所说："凡人多望子孙为大官，余不愿为大官，但愿为读书明理之君子……"当他身在官场中沉浮时，也时时作着辞官归隐的打算。

曾国藩对家人的管教是很严格的，从流传下来的曾国藩家书中可以看出。古代长兄如父，所以当他取得功名后，思考的就是要替父亲教育好子侄。

《曾国藩家书》是曾国藩的书信集，成书于清代咸丰年间。曾国藩家书多层面地反映了曾国藩身为家中长子长孙对家庭的尽职尽责。在持家教子方面，他主张勤俭持家，努力治学，睦邻友好，读书明理。他希望后代兢兢业业，努力治学。他常对子女说，只要有学问就不怕没饭吃。他还说，门第太盛则会生事端，主张不把财产留给子孙，子孙不肖留亦无用，子孙图强，也不愁没饭吃。

曾国藩治家严谨，严禁家人干预地方官员的事务。然而，家族毕竟有权有势，他的父亲及诸弟有时候也倚仗权势，干预地方事务。特别是他的四弟曾国潢，尽管曾国藩家教极严，但其总是飞扬跋扈，常借地方官员之手杀人。

同治年间，湖南哥老会兴起，特别是湘西地方。那些人多是原来参加湘军，被遣散返乡后，加入哥老会的。曾国潢在家乡不仅大力剿杀哥老会，就连对他"厌恶"的人，也决不留情。他总是将人捆送县衙，请求杀掉。并且凡是他有所请，县官也不敢不服从。有时捆送五六十人，基本没有几个能生还的。当时的湘乡县令熊某，是个佛教徒，秉性慈善，常接到曾国潢的请求，不答应又拗不过他的权势，答应了又于心不忍。所以，每接到要他杀人的请求，总要躺着哭几天。有人问他哭什么，他回答说："曾四爷又要借我的手杀人了！"有一年，湘乡县城新建一个码头，按照惯例，应用牲畜来祭祀。然而，在曾国潢的主持下，却杀了16个人来举祭。

曾国潢在乡间为人所恨，曾国藩是略有所知的。他常在家信中告诫诸弟："吾兄弟当于极盛之时作衰时想，总以不干预公事为第一义。"在倡导"八字"家风中，对其弟特别强调"宝"字，即"人待人为无价之宝也",居乡勿做恶事。咸丰年间曾国藩守父丧在籍,听得曾国潢在乡间杀人太多,为人所怨,想要惩戒其弟。一天,他趁弟弟躺在床上睡午觉时,向夫人要了一把锥子,猛刺其弟的大腿,顿时鲜血直流,染红了被褥。曾国潢对哥哥的这一举动很感诧异,高声直呼:"残暴!残暴!痛死我了!"曾国藩闻声反问:"我只是用了一把锥子刺你,你就直呼痛死了。你杀了人家,人家痛不痛啊!"

经过曾国藩这一训诫,曾国潢果然有所收敛,待百姓的态度亦有所好转。曾国藩治家的成功,使得他在官场上从来没有因为家人的事情而受到牵制,其家族反倒是人才辈出,各有所长,这可以说是后人为官持家都应当效仿的。

以敬老尊贤,代替傲慢与偏见;以慈悲爱护,代替刻薄与寡恩;以宽恕协助,代替仇恨与敌对,使人人皆以感恩报德的心情,放下个人的恩怨,生活将充满幸福与欢笑,人心就会得以慰藉及安宁。"孝敬之家,必获吉祥",说的就是这个道理。

父母之恩大于天

子夏问孝，子曰：色难。有事，弟子服其劳；有酒食，先生馔，曾是以为孝乎？

【古句新解】

子夏问什么是孝。孔子说："孝道难就难在儿女在父母面前总能保持和颜悦色。有了事情，有年轻人效劳，有了好吃好喝的，让年长者享用，（仅仅做到这样）就可以认为尽孝道了吗？"

自我品评

孔子刚生下来父亲就死了，二十几岁时母亲又死了，对母爱的无限追恋，对父亲的无限渴望使他深刻了解父母对人类成长的重要性。他与子夏谈论孝道时，告诫子夏不要以为替父母做点事或者弄点美味就算尽孝了。用现代话讲，就是别以为我们每个月给点生活费，或者花钱雇个保姆来照顾老人，或者节假日送给老人一堆东西就算孝敬了。尽孝远不是那么回事。

那么，怎样才算是真正孝敬老人呢？孔子说的"色难"又是什么意思呢？孔子的意思是说，能够一贯真诚地、和颜悦色地侍奉老人是最重要的，可也是最难做到的。

《戏彩娱亲》讲的是春秋时期的楚国隐士老莱子的故事，因他年高还常做儿戏娱亲取乐，人们都称他为老莱子。老莱子为躲避乱世，自耕于蒙山南麓。他虽家徒四壁、一生穷困，但极孝顺父母，尽拣美味供奉双亲。老莱子七十多岁，父母双全俱在堂。他平日说话时，从不说老，意在若是自己说老，岂不显得父母更老了。他年纪虽大，还像小时候一样要逗父母欢喜，时常穿着一件五彩斑斓的衣服，在父母面前戏耍，有时候手执拨浪鼓假意跌倒在地上，做小孩啼哭的样子，逗父母嬉笑。还有一次，老莱子为双亲送水，进屋时跌了一跤，他怕父母伤心，索性躺在地上学小孩哭，二老大笑。

这老莱子虽然不能买山珍海味孝敬父母，但他知道"笑一笑少一少，恼一恼老一老"的道理，父母年纪老了，怎当得忧愁、烦恼。人时常高兴快乐自然健康长寿，所以老莱子虽然自己已经是个老人，但为了取悦父母而做一个"老顽童"，凡父母喜欢的事就尽力而为，实在难得。"承欢膝下，片时换千金"就是这个道理。

为什么真诚、和颜悦色地侍奉老人最重要呢？因为对人来说，其生活幸福与否往往最终取决于他们的精神感受，而不取决于他们的物质享受。我们细心体会一下就可以发现，一些没钱的人往往会憧憬好的物质享受，而一些有钱的人对于物质刺激往往渐趋麻痹。他们一个共同的特征便是都因为局限于物质享受而普遍缺乏幸福感。物质享受带给我们的感官刺激犹如黄粱一梦，总是使人不由自主地陷入患得患失的两难困境。而在我们身边，只要我们善于观察，我们又总可以看到，一些人无论物质贫穷与富足，整天都是乐呵呵地在享受生活。

由此可见，精神感受的好与坏是关乎人生幸福的一个大问题。只有那些精神富足的人才会始终保持快乐的心情。俗话说"好言一句三冬暖"，和颜悦色地待人，自然能够使人心情舒畅、精神愉悦。这远比那些物质刺激有效、持久得多。对父母尽孝尤其应该如此。孔子甚至认为，这比为父母干活或提供美食更重要，因为它带给父母的是心灵上的巨大安慰与舒畅。

东汉时的黄香，是历史上公认的"孝亲"的典范。黄香小时候，家境困难，10岁失去母亲，父亲多病。闷热的夏天，他在睡前用扇子赶打蚊子，扇凉父亲睡觉的床和枕头，以便让父亲早一点入睡；寒冷的冬夜，他先钻进冰冷的被窝，用自己的身体暖热被窝后才让父亲睡下；冬天，他穿不起棉袄，为了不让父亲伤心，他从不叫冷，表现出欢呼雀跃的样子，努力在家中营造一种欢乐的气氛，好让父亲宽心，早日康复。

和颜悦色地对待父母虽然重要，但真正做到也是很不容易的。有句古话叫"久病床前无孝子"，说的就是这个意思。一天两天还好说，一月两月忍忍也到了，如果是一年两年呢？想想就觉得困难重重了吧。如果父母长期卧病在床，生活不能自理，即便儿女心中再孝顺，有时也难免流露出厌烦的神色。此时，父母心中的滋味恐怕难以陈述：一方面，因为给儿女的生活和事业带来极大的拖累而难过；另一方面，便是对儿女隐隐的失望。

一些现代人在社会和自身生活的双重压力下往往疲惫不堪，他们的情感世界逐渐变得功利和麻木，于是，亲情往往被物质与金钱取代，善良与真爱的笑容被埋没。由此看来，孔子说和颜悦色难实在是很有道理的。和颜悦色对待父母，心中孝，态度敬，不要对父母感到厌烦。很多人虽然表面上做得还不错，但容易不自觉地抱着一种"我做的已经不错了"的心理，无形中给父母以不好看的脸色，以"孝"来折磨老人的心灵，增添老人的负疚感。这种做法，往轻了说是一种不纯的孝，往重了说也是一种"恶"。

《孝经》提到："孝始于事亲，中于事君，终于立身"的三境界，可谓精炼而传神。父母是一个人的源头和根基，他们的恩德比天还大，子女要常思孝道。孝顺是最基本的伦理要求。不孝顺父母无异于舍本逐末，截源断流。有人问王阳明："孝，是不是一定要讲求冬则温、夏则凉？"他回答："一个人只要有颗诚孝的心，冬天自然思量父母的寒，夏时自然思量父母的热，自然就会去想办法。一个人最重要的是要有发自内心的诚孝之心。至于如何做，要看具体的家庭、具体的社会时代，这个就不能要求一致了。"古人说"论心不论事，论事无孝子"，就是这个道理。在生一粒豆，胜过死后拜猪头。行孝要在精神上下功夫，使父母的心情常处于愉悦之境，更不要做让父母伤心之事。

继承父志以行孝

【原典】

子曰：父在观其志，父没观其行，三年无改于父之道，可谓孝矣。

【古句新解】

孔子说："父母在的时候，只要观察子女的志向就可以了；父母去世了之后，就要看子女的行为，能够长时间按照父母的意图做事，没有任何改变，那么他就可以称为孝子。"

自我品评

孝有三个层次："大孝尊亲，其次弗辱，其下能养。"也就是说，尽孝的上等就是要尊敬父母，次等不能让父母受辱，下等只能赡养父母。

公明仪问老师曾子，既然如此，你做的算是孝道吗？曾子说，君子所称为孝的，应该能在父母的意愿没有表达之前就预先知道了，并且能按照父母的要求去做，使父母的意愿合乎正道。我仅仅是赡养了父母而已，怎能算得上孝道呢？

还有一条，父母去世后，要把他们的事业继承下去。按照孔子的说法，这就是达孝。

蔡文姬，名琰，字明姬、昭姬，因避司马昭的讳，改为文姬。尽管她一生坎坷，但文学造诣深受人们的尊重和公认，传世之作《胡笳十八拍》和《悲愤诗》，在建安诗歌中一枝独秀。

蔡文姬出生于汉灵帝熹平六年 (公元 177 年) 的陈留郡圉县 (今河南省杞县西南)，著名的文学家蔡邕就是她的父亲。蔡邕不但学识渊博，而且对经史、音律、天文等方面也很精通，在文章、书法、篆刻、辞赋方面也颇有造诣。受家学影响，蔡文姬十几岁时，就通晓诗书，精于音律。有一次，她在自己的闺房里，听父亲弹琴断了弦，就出来对父亲说，你琴上第二根弦断了! 蔡邕以为她是瞎蒙的，故意把琴上第三根弦弄断，问蔡文姬哪根弦断了，女儿给予非常肯定的回答。蔡邕非常喜欢她，两个人一起弹琴唱歌、作诗绘画，乐享天伦。

平日里蔡文姬对父亲也非常孝敬。父亲写字时，她在旁边帮他磨墨；父亲生病在床，她为父亲煎汤熬药，精心料理，日夜服侍。后来蔡文姬嫁给了河南卫仲道为妻，丈夫病死了，婆婆也去世了。蔡文姬只好回到陈留，整理父亲的作品。接着就发生了战乱，蔡文姬混迹在逃亡的难民之中，被一队匈奴兵掳走，献给了左贤王，被左贤王留作妃子。

在西域，蔡文姬忍辱生活了十二年，虽然左贤王很怜爱她，但她总是思念着故乡，怀念着父亲。公元 216 年，蔡文姬被曹操赎回，为了早日对父亲尽孝，蔡文姬抛下了自己的一对儿女，回到了故乡，在父亲的墓前痛哭失声，弹奏《胡笳十八拍》。蔡文姬嫁给董祀后，默写出蔡邕的四百多卷书稿，使父亲的作品得以传世。

明代嘉靖年间，东南沿海受到倭寇的袭击，百姓苦不堪言。嘉靖三十四年（公元 1555 年）戚继光被朝廷任命为金浙江都司，组建了一支纪律严明英勇善战的戚家军，在六年当中九战九胜，威震敌胆。戚继光说，我率领将士获得胜利，全靠父亲的谆谆教诲。

戚继光的父亲名叫戚景通，是一位著名的将领。戚继光是父亲五十六岁的时候出生的，算得上是老来子。少年时，父亲就教导他："文官不贪财，武官不怕死。"在父亲的言传身教下，戚继光苦练武艺，学习兵法。成年之后，戚继光成为了一名年轻有为的将领。当时，有人对戚继光的父亲说，你可以买田买地为后代着想了，但父亲拒绝了，父亲把戚继光叫到跟前说："你知道我为什么要给你取名为戚继光吗？就是让你继承戚家驰骋疆场的威名。"

戚继光认真读诵父亲写的对联："授产何若授业，片长薄枝免饥寒；遗金不如遗经，处世做人真学问"。他对父亲说，父亲教我学习兵法，还要我做一个道德品质高尚的人，我绝对不会贪图享乐，寻求奢靡安逸生活的，我要组建一支军队，与倭寇决一死战！听了戚继光的话，父亲很高兴，就将自己写的兵书授给他。戚继光在抗倭战事中，一直以父亲为榜样，勉励自己。他所组建的戚家军成为抗击倭寇的中坚力量。他一边率军作战，一边作诗明志："封侯非我意，但愿海疆平"；"一年三百六十日，都在马上横戈行"，报效父亲，报效国家，戚继光成为集忠孝于一身的英雄。

当我们走进辉煌的 21 世纪，世界日新月异，生活绚丽多彩。传统意义上的孝道面临严重挑战。一方面是家庭社会结构的变异，过去一对夫妇养育众多孩子的现象已经几不可见，数世同堂的现象已失去存在的可能；另一方面，国人的观念也发生重大的变化，由于社会福利保障事业的改善，传统的"养儿防老，积谷防饥"古训在某种程度上变得不是非常重要。

那么孝道是否就因此失去存在的土壤？近年来，有不少专家学者大力提倡要维护和弘扬孝道，忧心忡忡，似乎孝道作为传统伦理已经到了生死存亡的关头。

其实不然。作为传统孝道，现世遭受冲击的，恰恰是其内核中封建的、不合人性的部分，在逐步被剔除。比如类似"割股疗亲"等反科学、反人性的教条，被现代人扔进垃圾桶；而其充满人性关怀、充满道德闪光的部分，却仍然得到了中外所有有识之士的推崇。

孝道凸显的实际上是一个民生问题，一个社会的价值观的问题。孝永远不会过时，家庭与社会需要孝，时代呼唤孝道的重归。在扬弃了封建迷信的糟粕之后，在物质极大改善的情况下，在引入现代社会民主的内涵之后，无论父与子、长辈与晚辈，或者是男性与女性，都将重构孝道真谛，树立社会和谐风尚。

第四章 大智若愚

——孔子原来这样说谦虚

才美不外显，已属不易；大智若愚，更是难上加难。有句诗这样说："时人莫小池中水，浅处无妨有卧龙。"世间的能人异士比比皆是，你要想在人际关系中不被淘汰，要想在职场中进则平步青云，退则保全自身，就要学会谦虚，低调做人。弓越弯箭才能射得越远，这是一门学问。

难得糊涂才是最聪明

【原典】

子曰：宁武子邦有道则知，邦无道则愚，其知可及也，其愚不可及也。

【古句新解】

孔子说："宁俞在国家政治清明时就显得很聪明，在国家政治黑暗时就装傻。他的聪明，别人可以赶上；他的装傻，别人无法赶上。"

自我品评

孔子年轻时曾经受教于老子，当时老子曾对他讲："善于做生意的商人，总是隐藏其宝货，不令人轻易见之。君子品德高尚，而容貌却显得愚笨。"其深意是告诫他，过分炫耀自己的能力，将欲望或精力不加节制地滥用，是毫无益处的。这是中国人的法则，我们应该学会运用。

我们常用"愚不可及"来批评、挖苦蠢人蠢事，可读了《论语》这段话，才知"愚不可及"其实是语带褒义的。孔子这里说的宁武子的"愚"，其实是一种真正的聪明，是大智若愚。个人聪明能干，在环境好的情况下，可以尽力发挥。可在环境恶劣时，如果聪明过分显露，就可能招来嫉恨、打击。这时，把聪明掩藏起来，表现得碌碌无能，就能有效地保护自己，从而减少外界的阻力，不露声色地做些踏踏实实的事。这是智者的处世策略，没有一定的修养是难以做到的。

　　宁武子是春秋时期卫国很有名的大夫，姓宁，名俞，谥号武。他经历了由卫文公到卫成公两代，虽然这两个朝代时势完全不同，但宁武子却相安无事地做了卫国的两朝元老。

　　卫文公时，国家步入正轨，政治、经济和文化蒸蒸日上。宁武子发挥自己的聪明智慧和超人的能力，为卫国作出了很大贡献，深得卫文公的赏识。

　　宁武子的外交才能是非常出色的。卫文公四年（前656），宁武子到鲁国访问，鲁文公设宴招待他，并且与他对饮。在席间，鲁文公亲自为宁武子朗诵《湛露》和《彤弓》两首诗歌。朗诵完毕，宁武子不言不语，既不说感谢的话，也不赋诗回答。文公感到很纳闷，就派人私下问："文公为你朗诵诗歌，您怎么不说声谢谢，也不赋诗回答一下呢？这不是对人不尊重吗？"

　　宁武子回答说："我还以为这次是在练习演奏呢！从前诸侯在正月里去京师向天子朝贺，天子设宴奏乐，在这个时候赋《湛露》这首诗，那就表示天子对着太阳，诸侯听候命令为国效劳。诸侯把天子所痛恨的人作为敌人，为帮助天子平定天下而贡献出自己的力量。天子因此而赐给他们红色的弓一把、红色的箭一百枝，黑色的弓十把、黑色的箭一千枝，用以表彰功劳，还用设宴奏乐作为报答和奖赏。现在，下臣前来拜访贵国，来巩固过去的友好关系，承蒙君王赐宴，哪里敢触犯大礼来自取罪过？"

　　宁武子靠自己的聪明才智，不卑不亢地在外交活动中为卫国争得了面子，从此其他国家不敢再小视卫国，卫国的政治、经济得到了稳固的发展。

　　后来到了卫成公的时候，由于卫成公治国无道，导致卫国的政治、经济等多方面都很混乱，人人相互攻击弹压，形势十分险恶。为了保护自己于危难，以苟存微薄之躯来挽救国家和人民，宁武子却表现得与卫文公时完全不同。他装出愚钝无能的样子，以掩盖自己的锋芒，让别人觉得自己无知，对别人没有任何威胁，别人也不会加害于自己，从而保护了自己。可是，他一点也不笨，他施展自己的聪明才智，巧妙地与各种势力周旋，终于平定了内乱，挽救了卫国，并为百姓做了不少有益的事，受到国人的敬畏和拥戴。

这里需要指出的是，在恶劣的环境里表现"愚"，不是向环境屈服，不是真的浑浑噩噩，更不是改变自己的信念和操守，而是以退为进、以愚守智。不去做无谓的牺牲，不去授敌以柄，是麻痹敌手，养精蓄锐，等待时机。正如三国时期的司马懿，多谋略，善权变，正是靠着韬光养晦，多次装病，才袭诛曹爽，建立了庞大的司马氏集团。如果想着自己反正是完了，从此混日子，苟且偷生，那就真是太愚了！没有信念和操守的支撑，就可能真愚下去。没有大智慧，也就不会韬光养晦，就可能因不能忍辱负重而遭到恶劣环境的重压，直至被摧垮。

在现实生活中，人际关系错综复杂，有很多事情是不能过于较劲的。做人太认真，不是扯着胳膊，就是动了筋骨，越搞越复杂，越搅越乱乎。因此，顺其自然，必要时装一次糊涂，不丧失原则和人格，或为了公众，或为了自己的长远目标，哪怕暂时忍一忍，受点委屈，也是值得的。装"糊涂"有时候也是一种无奈之举，特别是当弱者面对强大的对手时，装糊涂就成为一种重要的智慧了。

"其知可及也，其愚不可及也。"孔子的话，的确是意味深长的。谨慎行事是一个人在纷扰的社会里立足必须注意的问题。小心行得万年船，千万不能自恃有某一方面的才能，就锋芒毕露，到处显摆。现代社会关系复杂多变，稳中求实是难能可贵的，有才能的人最易遭人忌妒。因此，在适当的时候，表现得"愚"一些，态度隐忍一些，抱持平和的心态去面对一切，就可以避开危险。

为人处世，难得糊涂。人的弱点，就是在为个人的谋划上太聪明，结果常常是"聪明反被聪明误"。不如"愚"一点，糊涂一点，不去计较个人得失，不走歪门邪道，不为名利地位操心劳神，吃点亏也无妨。如能做到这一点，我们就能减少许多烦恼，拥有一个踏实快乐的人生。

　　成功的道路并不是笔直平坦的，它是由许多曲折和迂回铸成的。聪明的人在不能直达成功彼岸的时候，就会采取迂回前进的办法，不断克服困难，最终走向成功。当我们面临困难，面对无可奈何的局面时，不妨学着糊涂一点。只有这样，才能摆脱暂时的困境，走向成功的彼岸。

大巧若拙，大智若愚

【原典】

子曰：吾与回言终日，不违如愚。退而省其私，亦足以发。回也不愚！

【古句新解】

孔子说："我和颜回谈论一整天，他从不提反对意见和疑问，就像一个愚笨的人。可是，我注意观察他课后的情况，却发现他很能发挥我所讲的内容，颜回并不愚笨呀！"

自我品评

有大智慧的人，不显山露水，不卖弄聪明，表面上看起来很愚笨，其实却很聪明。有句俚语说得好："面带猪相，心头了亮。"

《小儿语》告诉我们："洪钟无声，满瓶不响。"俗话说："满罐水不响，半罐水响叮当。"如果你留意观察，生活中这种现象真是不少。

《老子》有句名言："大直若屈，大巧若拙，大辩若讷。"

苏轼《贺欧阳少师致仕启》中也有这样一句名言："大勇若怯，大智若愚。"真正的大智大勇未必要大肆张扬，卖弄聪明，不是徒有其表而要看实力。具有大智慧的人，看起来反倒如同糊涂人，其实不是真糊涂而是假糊涂，这就是"大智若愚"。大智若愚的人给人的印象是：宽厚敦和，平易近人，不露锋芒，甚至有点木讷和傻气。其实在

"若愚"的背后，隐含的是真正的大智慧大聪明。

魏晋时期的王湛，是一个很懂得隐藏自己的人。他平时不言不语，从不表现自己，别人有什么对不起他的地方，他也从不去计较，因此很多人都轻视他，认为他是个大傻瓜，连他的侄子王济也瞧不起他。

吃饭的时候，明明桌子上有许多好菜，可是王济一点都不客气，好鱼好肉都不让这位叔叔吃。王湛一点都不生气，叫王济给他点蔬菜吃，可王济又当着他的面把蔬菜也吃光了，要是平常人早就发怒了，可是王湛还是不言不语，脸上没有一点生气的表情。

有一天，王济偶然到叔叔的家里，见到王湛的床头有一本《周易》，这是一本很古老又很晦涩的书，一般人是很难读懂的。在王济眼里，这位"傻"叔叔怎么可能读得懂这样一部书呢？肯定是放在那里做做样子。于是就问王湛："叔叔把这本书放在床头干什么呢？"王湛回答："闲暇无事的时候，坐在床头随便翻翻。"

王济心里非常疑惑，便故意请王湛给他说说书中的一些内容。王湛分析其中深奥的道理，居然深入浅出，非常中肯，讲得精炼而趣味横生，有些地方恐怕连当时最有名的学者都比不上。

王济从来没有听到过这样精妙的讲解，心中暗暗吃惊，于是留在叔叔的住处向他请教，接连好几天都不愿回去。经过接触和了解，他深深感觉到，自己的知识和学识跟这个"傻"叔叔相比，简直差了一大截。他惭愧地叹息道："我们家里有这样一位博学的人，可我这么多年来却一点都不知道，真是一个大过错啊。"几天后，他要回家了，王湛又非常客气地送他到大门口。

后来又发生几件事情，让王济对这位叔叔更加刮目相看。王济有一匹性子很烈的马，特别难驯，就问王湛："叔叔爱好骑马吗？"王湛说："还有点爱好。"说着一下子就跨上这匹烈马，姿态悠闲轻巧，速度快慢自如，连最善骑马的人也无法超越他。王济又一次惊呆了。

王济对他平时骑的马特别喜爱，王湛又说："你这匹马虽然跑得快，但受不得累，干不得重活。最近我看到督邮有一匹马，是一匹能吃苦的好马，只是现在还小。"王济就将那匹马买来，精心喂养，想等它与自己骑的马一样大了，就进行比试，看叔叔说的是否正确。将要比试的时候，王湛又说："这匹马只有背着重物才能显现出它的能力，而且在平地上走显不出优势来。"王济就让两匹马驮着重物在有土堆的场地上比赛。跑着跑着，王济的马渐渐落后了，过了一会儿居然摔倒了，而从督邮那里买来的马还向最初一样，走得稳稳当当。

通过这些事情，王济从内心深处佩服叔叔的学识和才能，知道他不仅学识渊博，在骑马、相马各方面都很精通，不知道还有多少知识隐藏起来呢。回到家后，他对父亲说："我有这样一位好叔叔，各方面都比我强多了，可我以前一点也不知道，还经常轻视他＼怠慢他，真是太不应该了。"

当时的晋武帝平时也认为王湛是个傻子，有一天，他见到王济，就又像往常一样跟他开玩笑，说："你家里的傻叔叔死了没有？"

要是在过去，王济会无话可答或者配合皇帝的玩笑，可这一次，王济却大声回答说："我叔叔其实根本就不傻!"接着，他就把王湛的才能学识一五一十讲出来，武帝半信半疑，后来经过考察，发现王湛确实是个人才，于是封他当了汝南内史。

像王湛这样，平时只管发展和提高自己，而不去追求表现和虚荣，就是一种深层次的人生智慧。是金子总会发光的，真有智慧的人总会受人赏识，王湛善于隐忍，不追求虚名，才获得他人真正的敬佩。

外愚内智并非一种处世的技巧，也不是基督教的那种泛爱，它是中国特有的做人的大学问、大智慧，也是中国人特有的一种人生大境界。

外愚内智是大智若愚、宽怀忍让；是大勇若怯，以柔克刚；是处乱不惊，达观权变；是外乱内整，内精外纯；是无所为，而后无所不为；是宠辱不惊，是非心外；是得意淡然，失意泰然；是一笑置之，不计前嫌；是不以物喜，不以己悲；是藏锋露拙，明哲保身；是匿壮显弱，旺知故昧；是乐天知命，顺应自然；是淡泊名利，知足常乐；

是与世无争，宁静致远……

拥有了外愚内智这种大智慧，人才会清醒，才会冷静，才会有大气度，才会有宽容之心，才能平静地看待世间这纷纷乱乱的"厮杀"，尔虞我诈的"争斗"；才能超越功利，超越世俗，善待世间的一切，才能居闹市而有一颗宁静之心，也才能做到待人宽容为上，处世从容自如。

拥有了这种做人的大智慧，你才能从容自若地面对一切，才能在成功时不骄不躁，百尺竿头，更进一步；才能在失败时不畏流言，不惧攻击，不失去奋斗的力量，不自暴自弃。总之，只要拥有了这种智慧，做人就不会失败！

大智若愚者藏才隐德，谦虚谨慎，以弱制胜，他们用表面的愚笨来保护自己，为自己赢得发展和提高的时间和环境，并能统观全局，站在比别人更高的角度上把握事态发展的脉络；因而他们常常是任重而道远的承担者，比常人更能抓住成功的机会。

骄吝之心不可有

【原典】

子曰：如有周公之才之美，使骄且吝，其余不足观也已。

【古句新解】

孔子说："即使一个人具有周公那样完美的才能，只要骄傲而悭吝，其余的才能也就不值一看了。"

自我品评

有人总觉得自己有才干，狂一点儿，傲一点儿，对人不好一点儿，都是细枝末节的小事。古人说过，大丈夫成大事不拘小节。这些人往往认为：我既然有才，肯定能成大事，比起那些才能平庸的人，理所应当有所区别，不然怎么体现我与众不同啊！你们跟随我或者想重用我，就得忍受我的脾气，迁就我，谁让我有本事呢？

骄傲自满是失败的前兆，有可能成功的人士都败在一时的自以为是之上。为人自满必定看不到自己的缺点，不能够很好地把握事态，任自己的性格行事，到最后只能落得功败垂成的结果。人常说"性格决定命运"，成为什么样的人注定你将能成就多大的事业。向一个容器里灌水，如果太满了水就会溢出来，对人也是一样，一个人太过于骄横霸道，必定会走向毁灭的结局。相反，为人谦虚，谨慎敬业，首先就赢得了胜利的契机，离成功也近了许多。

公元前328年，宋君偃发动了政变，赶走了他的哥哥，自立为宋公。宋君偃善于治军，但是却十分好大喜功，他训练了十万精兵，战车五千辆，亲自统领宋国军队往东击败了强大的齐国，夺取了齐国的五座城池。往南又打败了强盛的楚国，侵占楚国三千里的土地。西边战胜了魏国，拿下了魏国的两座城池，并且灭掉了魏国的附庸国——滕国。由于宋君偃连续击败了齐国、楚国、魏国，使得宋国再次屹立于中原地区。宋君偃屡战屡胜，打遍天下无敌手，宋国也逐渐开始强大起来，地处鲁、皖、豫、苏四省边地，成为了第八大国。

公元前318年，宋君偃称王。史称"宋王偃"，他为了树立权威，让臣民呼其为"万岁"，并且在宋国开展肃巫运动，以"射天"之戏贬低神权。宋王偃骄横无道，又喜淫乐，逐渐荒废了朝政，只要宋国的公卿大臣有敢于劝谏的人，宋王偃就用箭将这些忠臣一一射杀，甚至在一日内连续射杀了宋大夫景成、戴乌、公子勃三人，他的残暴性格就好像是夏桀，因此天下诸侯骂他是"桀宋"。

宋王偃的暴虐无道激怒了天下诸侯。公元前286年，齐闵王听从纵横家苏代的建议，联合楚国、魏国、燕国，举四国之师一起讨伐桀宋。宋王偃却毫无惧色，大阅车徒，亲自率领宋国军队，离城十里，组织防御，以防四国联军的攻击。齐国大将韩聂的先遣部将间丘俭率领五千人前来挑战，宋兵没有迎战，间丘俭派了几个声音洪亮的军士，登辎车朗诵桀宋十罪。宋王偃十分恼怒，命令将军卢曼出战。交战了几个回合，间丘俭败走，丢弃了很多车马与器械。宋王偃登上壁垒，看见齐国军队已经战败，十分高兴，派出全部军马，直逼齐营。齐将韩聂又让了一阵，退后二十里驻扎，却让楚将唐眛、魏将芒卯率领二军，左右包抄宋军大营。

第二天，宋王偃以为齐兵已经不能应战，于是直攻齐营。间丘俭打着韩聂旗号，列阵相持，大战了三十多回合。宋王偃果然英勇无比，手斩齐将二十余员，兵士死者百余人，可是宋将卢曼也死在阵中。间丘俭又大败而逃，丢弃了很多车仗器械，宋兵争先掠取，忽有人报告宋王偃说背后发现了楚魏二国的军马。宋王偃十分恼怒，连忙往回赶。

走了不到五里路，冲出一军拦路，原来是齐将韩聂。宋王偃派左右将军戴直、屈志高，双车齐出。韩聂先将屈志高斩于车下，戴直不敢交锋，只能保护宋王偃，边战边走。

回到睢阳城时，守将公孙拔认出是自家军马，开门放入。三国合兵攻打城池，昼夜不息。忽然又有大军来到，是齐闵王恐怕韩聂不能成功，亲率大将王蠋，太史敖等人，带领了三万精兵前来相助，四国军马更加强壮。宋军听说齐王亲自领兵，人人丧胆，个个灰心。再加上宋王偃不体恤士兵，黑夜白天驱使男女守望，又没有一点恩赏，使得民众怨声连连。戴直对宋王偃说："现在敌人势力很大，我们这边军心动摇。大王不如放弃城池，暂且去河南，等待时机，东山再起。"宋王偃这时候一片图霸之心都化为了秋水，叹息良久，与戴直半夜弃城而逃。

随后，公孙拔竖起降旗，迎齐闵王入城。齐闵王进城后一边安抚百姓，一边令诸军追逐宋王偃。宋王偃想要逃往秦国，当他冲破重重围堵，走至魏国温邑时，被追兵赶上。追兵先捉住了戴直，宋王偃跳入神农涧中想要自杀，但没有死掉，被军士拉了出来，斩首示众，传首睢阳。灭了宋国之后，齐、魏、楚三国分割了宋国的领土，宋国人离散各地，沦为了各国之奴。商宋自公元前 1061 年微子启始封，到公元前 286 年随宋王偃而亡，共传了三十三世，历经 775 年国亡。

宋王偃虽然善于用兵，治军严谨，之前也成就了一番霸业，可是他骄横跋扈，暴虐无道，天下人群起而攻之，最后只落得个死无全尸的下场。一个人有能力是件好事，但是怎么样对待自己的能力却是决定成败的关键。我们不能因为刚开始小小的胜利就骄傲自满，以为天下尽是自己的囊中之物，殊不知骄横跋扈，只会失去人心，使得原先帮助自己的人离自己远去，甚至会揭竿而起，反对自己。如果到众叛亲离的时候才醒悟，那就太迟了。我们待人接物从一开始就要与人为善，平易近人，只有这样才能更多地获得别人的协助，完成自己的事业。

孔子说，你再有才能，再完美，只要自己骄傲，对别人吝啬，也不值一看了。有才能却骄傲，不足取；有才能却吝啬，也不足取。

　　曾子曾经说过："自己才能高，却向没有才能的人请教；自己学识丰富，却向学识不高的人请教。有才能，却像没有才能的样子；学识很充实，却像学问空虚的样子。别人触犯自己，自己并不与之对抗。从前，我的一位朋友就这样做了。"正所谓"满招损，谦受益"，做个谦虚的人，对自己来说，是有百利而无一害的。正如三国时期的刘备，曾经三顾茅庐，请诸葛亮出山相助，而在此之前，有许多诸侯都找过他，最后却跟随实力最弱的刘备了。这正是因为刘备的礼贤下士，谦虚恭敬。

　　谦虚是中华民族的传统美德，是我们文化的象征。你表现谦虚的时候，不仅体现了自身的高素质，也展示了国人的内涵。

　　20世纪中国著名教育家、文化先驱之一蔡元培先生曾有过这样一件轶事：

　　有一次，伦敦举办中国名画展，组委会派人去南京和上海监督选取博物院的名画，蔡先生与林语堂都参与其事。法国汉学家伯希和自认是中国通，在巡行观览时滔滔不绝，不能自己。

　　为了表示自己是内行，伯希和向蔡先生说："这张宋画绢色不错，那张徽宗鹅无疑是真品。"林语堂不表示赞同和反对意见，只是客气地低声说："是的，是的。"一脸平淡冷静的样子。

　　后来，伯希和若有所悟，闭口不言，面有惧色，大概从蔡元培的表情和举止上担心自己说错了什么，出了丑自己还不知道呢！林语堂后来在谈到蔡元培先生时，还就伯希和一事感叹说："这是以中国人的涵养来反映外国人卖弄的一幅绝妙图画。"

　　谦虚谨慎是成功人士必备的品格，才高也不应该成为自傲的理由。即使当时没有人能够超过你，但是在这个世界上，我们每个人都只是微小的个体，我们所掌握的东西再多也只是沧海一粟。自以为了不起只会让人更加厌恶，除了给自己带来麻烦而不会有任何的好处。谦受益，满招损。勿以己之长而比人之短，勿以己之短而妒人之能。须知五岳之外，别有他山之尊。我们应该保持谦虚谨慎、戒骄戒躁的学习态度。只有这样，人生之旅才能受益无穷。

不要轻看比你小的人

【原典】

子曰：后生可畏，焉知来者之不如今也？四十五十而无闻焉，斯亦不足畏也已。

【古句新解】

孔子说："年轻人是值得敬畏的，怎么就知道后一代不如前一代呢？如果到了四十五十岁时还默默无闻，那他就没有什么可以敬畏的了。"

自我品评

俗话说："长江后浪推前浪，一代新人换旧人。""青出于蓝而胜于蓝，冰出于水而寒于水。"社会在发展，人类在进步，后代一定会超过前人。这种今胜于昔的观念是正确的，"后生可畏"说明孔子的思想并非守旧。

对于后生可畏的道理和现象，不但中国儒家宗师深有感触，而且中国佛教禅宗的一代大师也感到惊异万分。

中国禅宗自一祖达摩开始，传到弘忍大师，已经是第五代师祖。这天，弘忍大师命众弟子在墙上写偈语，希望能找到第六代传人。当时最有希望的继任人是大师兄神秀，他在墙上写道："身是菩提树，心如明镜台，时时勤拂拭，勿使惹尘埃。"他自以为会得衣钵真传。

这时，厨房里一个带发修行的小伙夫看到外面这么热闹，也去凑一下。但他是文盲，就请老居士把大师兄的作品念给他听。小伙夫听后直摇头，心想大师兄并未开悟呵！就说："我也有一首偈颂，请居士帮我写到墙壁上。"老居士睁大眼睛，带着轻视的态度，瞧瞧小伙夫说："你一个字也不认识，你怎么会作偈？这事情太稀奇了。"

小伙夫本不想说话，不说就没有人帮他写，只好说了："你想学最上乘的菩提觉道，就不应该轻慢初学佛法的人。"于是，由老居士代笔写下了一首流传千古的名偈："菩提本无树，明镜亦非台，本来无一物，何处惹尘埃。"

弘忍大师过来检查作业，顿时惊讶得半晌无语，同时内心也充满无以名状的惊喜——此人悟性极高，足以担当接班重任。一问之下，才知道是一个带发修行的小伙夫所作，于是暗示小伙夫半夜来见。此伙夫，就是后来的六祖慧能大师。半夜，慧能去见五祖弘忍大师，大师将袈裟亲手传给他，并为他说《金刚经》，顿即开悟。后来，他终成一代宗师，对中国禅宗乃至整个佛教界都产生了极其深远的影响。

历史上，很多杰出的人在青年时就已成为传奇人物。三国时期，周瑜18岁就做了三军统帅；霍去病年纪轻轻，就为大汉王朝立下汗马功劳；唐代才子王勃15岁时，就被授予朝散郎之职；周恩来为寻救国道路，16岁时西渡法国，东渡日本求学。

这里的"小"，我们可以再延伸一下它的含义，它不仅指年龄，同样也可指地位、志向等。不管是年轻人，还是地位、志向不如别人的"小人物"，我们都不可轻看。忽视或得罪"小人物"，久而久之就会为失去基础埋下祸根。而善待平日里的"小人物"，也会得到意想不到的收获。

现代社会中这种事也为数不少。有一家公司，营销部和财务部两个部门的经理都是大学毕业，年龄、经历相仿，都非常有才华。营销部经理为人和善、善于走群众路线。在日常工作中，对下属分寸得当，恩威并施。在业务上严格要求，从不放松，偶尔出了什么差错，他却总能为下属着想，主动承担责任，为下属担保，从而很得民心。每当出差，他总是不忘带点小礼物、小玩意，给每一个下属一份爱心。财务部经理虽然工作成绩也是不凡，但在对下属的管理中，却严厉有余，温情不足，有时甚至很缺少人情味。曾有一位下属的老父亲得了急病，等把老人送到医院，急急忙忙赶到工作单位，难免耽误了几分钟。虽然这位员工平时工作勤恳，兢兢业业，从不误事，但这位经理还是对其进行了严厉的通报批评，并处以罚款，弄得大失民心，怨声载道。在不久后一次公司内部人事调整中，营销部经理工作颇有业绩，口碑甚佳，符合一个高层领导的素质要求，被提拔为副总经理。而财务部经理虽说工作干得也不错，但没料到下属中有一位他从来不放在眼里的"小人物"的同学的父亲是本公司的总经理，他有失人情味的管理方式在领导眼里，其实不利于留住人才，只好继续做他的部门领导。可见，"小人物"的力量汇集在一起，足以推翻任何一个"大人物"。

世界上有各种各样的人，每个人的才智和能力也不尽一致，有的人才能出众，智慧出群，抱负远大，而有的人则平平凡凡，碌碌无为，胸无大志。在同一水平线上的人，经过多年的发展就会显示出差别来，就如同鸿鹄与燕雀，各有不同的人生追求。但是，不管你站得多高，拥有多么显赫的地位，都不可轻视那些不如你的人。

对于一个人来说，在长长的一生中，境况和地位会随着时间和机遇而不断变化，在不同时期，身边总有各种各样的朋友。在发达与显赫之后，就忘记甚至背弃旧时的朋友，是最要不得的不智之举。即使那些人远不如你，是最微不足道的"燕雀"，但是旧交代表着你以前的记忆，是他们为你铺垫了成功的路。

孔子讲后生可畏，这种以发展眼光看人的观点，是非常有价值的。记得以前有一首非常流行的歌曲《趁你还年轻》，歌词大意是：一个人年轻的时候想将来成为怎样的人，就有可能成为怎样的人。只是这样的优势和潜力并不永远存在，如果不努力，到了四五十岁还一事无成，也就只能将所有的理想"一腔壮志付东流"了，自然也就没有什么可敬畏的了。或许，这也就是人们常说的"人到中年万事休"的原因所在吧。作为老年人，不要轻视年轻人；作为年轻人，更应该珍惜自己的大好年华，不要虚度了。

当然，随着人类寿命的延长，四五十岁这个界线也许可以适当推迟一点，大器晚成者也不是没有。尽管中老年人起步比年轻人晚，精力也不如年轻人充沛，但只要努力，仍然有希望有所成就。只要努力了，就不会有遗憾。因为在努力的过程中，人们仍然能够感受到一种特殊的快乐——奋斗的快乐和追求的快乐。同样，我们也不要轻看那些小人物，"浅处无妨有卧龙"。正如东汉宋弘答光武帝刘秀所云：贫贱之交不可忘，糟糠之妻不下堂。成大事者必须要有广阔的胸襟气度，不忘曾经共过患难的贫贱之交，只有这样才能积聚人心，团结广大的普通人，充分发挥他们的优点。心胸狭小，不懂得低调处理与故交的关系，稍一得志就目中无人，肯定不会有什么好下场。

低调一点多相安

【原典】

曾子曰：以能问于不能，以多问于寡，有若无，实若虚，犯而不校。昔者吾友尝从事于斯也。

【古句新解】

曾子说："能力强的却向能力弱的人请教，知识丰富的却向知识少的人请教，有学问却像没学问一样，满腹经纶却像一无所知一样，别人冒犯自己也不计较，我曾经有一位朋友就是这样的。"

自我品评

没有谁的一生会一帆风顺，永远成功。有些才华横溢的人会把微小的才干显露出来而隐藏更大的才能，使它成为自己身上的发光点，而他们的真实才能一旦显示出来时足以令人震惊。

孟贲是秦武王手下的一名勇士，此人原是齐国人，勇力过人。据说有一次他在野外看见两头牛正在相斗，他上前去用手把两头牛分开来。其中一头牛听劝，伏在地上不斗了，另外一头牛还要斗。他大为恼火，左手按住牛头，右手把牛角活生生地拔了出来，这头牛当场毙命。

后来他听说秦武王正在招纳天下勇武之人，于是离开齐国去投奔秦国。这秦武王原也是个勇猛的人，重武好战，常以斗力为乐，凡是勇力过人者，他都提拔为将，置于身边。见了孟贲自然另眼相看，很快就任命他为大将，与他手下的另外两名勇将乌获和任鄙享受一样的待遇。孟贲也非常以自己的勇力而自豪。

公元前306年，秦武王采纳了左丞相甘茂的计策，与魏国建立了秦魏共伐韩国的联盟，而后用计攻占了赵国的军事要地宜阳。秦军占领宜阳后，周都洛阳门户洞开。秦武王大喜，亲自率领任鄙、孟贲等精兵强将要进入洛阳。周天子此时无力抵抗，只好打开城门迎接秦武王进城。

秦武王兵进洛阳后，直奔周室太庙，去观看九鼎，这九个鼎本是当年大禹收取天下九州的贡金（铜）铸成，每个鼎代表一州，共有荆、梁、雍、豫、徐、青、扬、兖、冀九州，上刻本州山川人物、土地贡赋之数，是周朝天命所在的象征。秦武王见了九鼎，大喜过望。当然，他不是喜欢这些铜块，而是垂涎那九鼎所象征的统御天下的权力，这也是秦国历代君主的梦想。秦武王绕着九鼎逐个观看，看到雍州（代表秦国）鼎时，对随行的群臣说："这鼎有人举起过吗？"

守鼎人赶忙回答："自从先圣大禹铸成此鼎以来，没有听说也没有见过有人能举起此鼎。这鼎少说也有千斤重，谁能举得起呀！"秦武王听了，撇了撇嘴，回头问任鄙和孟贲："你们两个，能举起来吗？"任鄙为人向来低调，他知道他的这位主子秦武王自恃勇力惊人，十分好胜，平时就经常和手下的大将斗力，如果此时自己出来举鼎，当着这么多人的面，抢了主子的风头，不会有好果子吃。再说，一旦秦武王真的去举鼎了，万一出了差错，自己就是长了九个脑袋也担不起这个责任，于是婉言道，"臣不才，只能举起百斤重的东西。这鼎重千斤，臣不能胜任。"

任鄙这一低调，孟贲心中暗喜，认为表现的机会来了。于是伸出两臂走到鼎前，对秦武王说道："让臣举举看，若举不起来，大王不要怪罪。"说罢，紧束腰带，挽起双袖，手抓两个鼎耳，大喝一声"起！"只见那鼎离地面半尺高，就重重地落下，孟贲顿时感到一阵晕眩，站立不稳，差点一屁股坐在地上，还好被左右拉住。秦武王看了，禁不住发笑："卿能把鼎举离地面，寡人难道还不如你吗？"任鄙见秦武王要去举鼎，赶紧上前劝道："大王乃万乘之躯，不要轻易试力。"秦武王本来就好与人比力，此时哪里听得进去，卸下锦袍玉带，束紧腰带，大踏步上前。任鄙拉着秦武王苦苦相劝，秦武王生气地说："你不能举，还不愿意寡人举吗？"任鄙不敢再劝，只好退到一旁。秦武王伸手抓住鼎耳，深吸一口气，丹田用力，大喊一声："起！"鼎被举起半尺，周围一片叫好之声。秦武王得意洋洋，心想："孟贲只能举离地面，我举起后要移动几步，才能显出高下。"秦武王接着移动左脚，不料右脚独木难支，身子一歪，千斤重的大鼎落地，正好砸到右脚上，秦武王惨叫一声，倒在地上。众人慌忙上前，把鼎搬开，只见秦武王右脚已被压碎，鲜血流了一滩。等到太医赶来，秦武王已不省人事，晚上，秦武王气绝身亡了。

　　周天子闻报，心中又惊又喜，喜的是这个骄横跋扈的秦王自投死路，惊的是万一秦国以此为借口兴兵讨伐，自己就王位不保了，赶紧亲往哭吊，然后派人把秦武王的灵柩送回咸阳。之后，秦武王异母弟嬴稷登基，即秦昭襄王。秦武王下葬后，老太后也就是秦武王的母亲令人追究责任，查到了孟贲的头上，虽然事情不能全怪孟贲，但为了出气，还是将孟贲五马分尸，诛灭其族。而低调的任鄙却因劝谏有功，升任为汉中太守。

　　读过《三国演义》的人可能会注意到，刘备死后，诸葛亮好像没有大的作为了，不像刘备在世时那样运筹帷幄，满腹经纶，锋芒毕露了。为什么？原因就是在刘备这样的明君手下，诸葛亮是不用担心受猜忌的，并且刘备也离不开他，因此他可以尽力发挥自己的才华，辅助刘备，打下一份江山。刘备死后，阿斗即位。刘备曾当着群臣的面说："如果这小子可以辅助，就好好扶助他，如果他不是当君主的材料，你就自立为君算了。"诸葛亮顿时冒了虚汗，手足无措，哭着跪拜于地说："臣怎么能不竭尽全力，尽忠贞之节，一直到死而不松懈呢？"说完，叩头流血。刘备再仁义，也不至于把国家让给诸葛亮，他说让诸葛亮为君，怎么知道没有杀诸葛亮的心思呢？因此，诸葛亮一方面行事谨慎，鞠躬尽瘁，一方面则常年征战在外，以防授人"挟制幼主"的把柄，而且他锋芒大有收敛，故意显示自己老而无用，以免祸及自身。

你不露锋芒，可能永远得不到重用；你锋芒太露，却又易招人陷害；当你施展自己的才华时，也就埋下了危机的种子；虽容易取得暂时成功，却为自己掘好了坟墓；深藏你的拿手绝技，你才可永为人师；当你施展才能时，必须讲究策略，不可把你的看家本领都通盘托出，这样你才可长享盛名。"枪打出头鸟"这个道理相信大多数人都明白，锋芒毕露可能会招致自身毁灭，所以才华显露要适可而止。

《易经》上说："君子藏器于身，待时而动，何不利之有？"作为一个人，尤其是作为一个有才华的人，要求得发展，一定要做到不露锋芒，这样才能既有效地保护自己，又能在适当的时机充分发挥自己的才华。要战胜盲目自大的病态心理，凡事不要太张狂、太咄咄逼人，并要养成谦虚让人的美德。所谓"花要半开，酒要半醉"，凡是鲜花盛开娇艳的时候，不是立即被人采摘而去，就是走向衰败的开始。人生也是这样。当你志得意满时，切不可趾高气扬，目空一切。无论你有怎样出众的才智，也一定要谨记：不要把自己看得太了不起，不要把自己看得太重要，不要把自己看成是救国济民的圣人君子，还是收敛起你的锋芒低调做人吧，低调一点多相安。

做人要学会圆润通达

【原典】

子张曰：君子尊贤而容众，嘉善而矜不能。我之大贤与，于人何所不容？我之不贤与，人将拒我，如之何其拒人也？

【古句新解】

子张说："君子既尊重贤人，又能容纳众人；能够赞美善人，又能同情能力不够的人。如果我是十分贤良的人，对别人又怎能不容纳呢？如果我是不贤良的人，那人家就会拒绝我，又怎么能拒绝人家呢？"

自我品评

古人云：毁或无妨，誉则可怕。如果不能用平常的心态正确对待名和利，则是相当危险的，尤其是对于那些人生观还不太牢靠、在事业上浅尝辄止的人来说，很容易走入死胡同。

成功总是一件令人高兴的事。不少人取得胜利之后，就开始得意洋洋起来，对自己的行为举止不再加以检点。可正应了一句老话：乐极生悲。这样高调的表现反而让自己不久就遭遇到了各种挫折，从而走到了胜利的反面。这样的例子在历史上可以说是举不胜举，尽管如此，再犯者却仍然是前仆后继。这就要求我们对胜利保持一份平常的心态，能够做到居安思危。有了这种心态，行为自然就会低调起来，从而使胜利的成果能够得到长久的保持。

魏人范雎做秦国国相，为秦国的强大作出了很大的贡献。后来秦王慢慢疏远了范雎，形成君臣猜忌的局面。燕国辩士蔡泽到秦国后，让人到处宣扬自己的才干，声称见到秦王后一定要夺取范雎的相位。

范雎听说后非常气恼，他派人找来蔡泽，责问道："听说你要夺我的相位，有这事吗？""有啊！""你有何本领，这样自信呢？"蔡泽列举秦孝公时的商鞅、楚悼王时的吴起、越王勾践时的文种三人忠诚不贰最后被杀的事，和眼前范雎的处境作了比较，暗示他急流勇退。

范雎听到这儿，对他很敬佩，抛却前怨，拜为座上客。后范雎推荐蔡泽做了国相，自己则急流勇退、保命终身。

在正确对待名利的问题上，曾国藩真无愧是一面"人镜"，他可以识人、识事，尤其可以恰到好处地进行自我修行，心态平和地坦然应对不利的局面，化不利为有利。

曾国藩是在他的母亲病逝，在家守丧期间响应咸丰帝的号召开始组建湘军的。不能为母亲守三年之丧，这在儒家思想看来是不孝的。但是由于当时的局势紧迫，他听从了好友郭嵩焘的劝说，"把对母亲的孝变为对国家的忠"，出山为清王朝效力。

可是，他锋芒毕露，处处遭人忌妒、受人暗算，最后连咸丰皇帝也不信任他。1857年2月，他的父亲曾麟书病逝，清廷给了他3个月的假，并且命他假满后回江西带兵作战。曾国藩伸手要权被咸丰帝拒绝，随即上书试探咸丰帝，说自己回到家乡后日夜惶恐不安。"自问本非有为之才，所处又非得为之地。欲守制，则无以报九重之鸿恩；欲夺情，则无以谢万节之清议。"咸丰皇帝十分清楚曾国藩的意图，他见江西军务已有所好转，而曾国藩现在只是一只乞狗，效命可以，授予实权是绝对不可以的。于是，咸丰皇帝朱批示道："江西军务逐渐有起色，即楚南亦就肃清，汝可暂守礼庐，仍应候旨。"假戏真做，曾国藩真是哭笑不得。同时，曾国藩又要承受来自各方面的舆论压力。

此次曾国藩离军奔丧，已经属于不忠，在此之后又用复出作为要求实权的砝码，这与他平日所标榜的理学家面孔大相径庭。因此，招来了种种指责与非议，再一次成为舆论的中心。来自朋友的规劝、指责，曾国藩还可以接受，如吴敏树致书曾国藩，谈到"曾公本以母丧存籍，被朝命与办湖南防堵，遂与募勇起事。曾公之事，暴于天下，人皆知其有为而为，非从其利者。今贼未平，军不少息，而迭遭家故，犹望终制，盖其心诚有不能安者。曾公诚不可无是心，其有是心而非谲言之者，人又知之。奏折中常以不填官衔致指责，其心事明白，实非寻常所见。"

吴敢把一层窗纸戳破，说曾国藩本来应该在家守孝，却出山，是"有为而为"。上给朝廷的奏折有的时候不写自己的官衔，这是存心"要权"。在内外交困的情况下，曾国藩忧心忡忡，逐渐使他失眠。朋友欧阳兆熊深深地知道他的病出自何处，一方面为他推荐医生诊治失眠，另一方面为他开了一个治心病的药方，"歧黄可医身病，黄老可医心病"。欧阳兆熊借用黄老之术来奉劝曾国藩，暗喻他过去所采取的铁血政策，未免偏激。朋友的规劝，不得不使他陷入深深的反思。

自从率湘军东征以来，曾国藩有失败也有胜利，四处碰壁，追究其原因，固然是由于没有得到清政府的充分信任以致没有授予地方实权所造成的。但与此同时，曾国藩也感到自己在修养方面有很多弱点，在为人处事方面对自己的意见过于执著，自以为了不起，一味蛮干。后来，他在写给弟弟的信中，谈到了由于改变了为人处事的方法而带来的收获："兄自问近年收获唯有一悔字诀。兄以前自负本领甚大，可屈可伸，可行可藏，又每见得人家不顺眼。自从丁巳、戊午大悔大悟之后，才知自己其实没什么本事，凡事都见得人家有几分不对，故自戊午至今九载，与四十岁以前心境不一样，大约以能立能达为体，以不怨不尤为用。立者，发奋自强，站得住也；达者，办事圆融，行得通也。"

经过多年的经历，曾国藩深深地意识到，仅仅凭借他一人的力量，是没有办法扭转官场这种状况的，如果想要继续做官，那么唯一的途径，就是去学习、去适应。"吾往年在官，与官场中落落不合，几至到处荆榛。此次改弦易辙，稍觉相安。"此一改变，说明曾国藩在官场的起起落落之中，渐渐地成熟与世故了。

然而，认识的转变过程，就仿佛炼狱再生一样，需要经历痛苦的自我反省，每当曾国藩回想起昨日的对错时，常常被追忆昔日"愧悔"的情绪氛围所笼罩。因此，在家守制的日子里，曾国藩脾气很坏，常常因为小事迁怒各位兄弟，一年之中和曾国荃、曾国华、曾国葆都发生过口角。在三河镇战役中，曾国华遭遇不幸，这使曾国藩陷入深深的自责当中。在其后的家信中，多次检讨自己在家期间的所作所为。

在经历了一段时期的自省自悟以后，曾国藩在自我修身方面有了很大的改变。一直到他重新出山，为人处事不再锋芒毕露，渐渐地变得圆融、通达起来。

我们必须知道天外有天，人外有人。即使我们取得胜利，也不能因此得意高调，应该保持清醒的头脑，低调做人，这样才能避免乐极生悲的后果。

因此，我们要视名利为烟云，当名利场中的过客，千万不要因名利而觉得高人一等。这主要包括三个方面：首先，对于不属于自己的名和利，绝对不能要，否则，在日常生活中，做一个沽名钓誉者，即便能暂时获得某些大红大紫的得意和快意，日后真相大白时，也必有无穷无尽的烦恼接踵而来；其次是对于那些勉强可以得到的名和利，要有一种谦让的精神，将其推让给其他人，这样既会增加同事间彼此友好的关系，又是有自知之明的一种表现；再次，即使是自己应该得的名和利，也要善于将它转化成前进的动力，绝不能使它成为人生的负累、前进的阻力，也不能把名利当做炫耀的资本。

弓越弯箭才能射得越远

【原典】

子击磬于卫，有荷蒉而过孔氏之门者，曰：有心哉，击磬乎！既而曰：鄙哉！硁硁乎！莫己知也，斯己而已矣。深则厉，浅则揭。子曰：果哉！末之难矣。

【古句新解】

孔子在卫国，一次正在敲击磬，有一位背扛草筐的人从门前走过说："这个击磬的人有心思啊！"一会儿又说，"声音硁硁的，真可鄙呀，没有人了解自己，就只为自己就是了。好像涉水一样，水深就穿着衣服越过去，水浅就撩起衣服越过去。"孔子说："说得真干脆，没有什么可以责问他的了。"

自我品评

也许在很多人看来，低调意味着安于平淡，没有什么追求的生活态度。这样的生活态度是绝对不会取得成功的。而事实上低调绝对不是意味着让人没有理想，没有追求。采取低调处世的人往往才最明白自己要的是什么。他们对自己的目标已经深思熟虑，要用最快捷的手段达到这一目的。低调处世，无疑会使他们在走向自己目标的路上减去很多不必要的麻烦。

谢安是晋朝人，出身名门望族，他的祖父谢衡以儒学而名满天下，官至国子祭酒。父亲谢裒，官至太常卿。谢安少年时就很有名气，东晋初年的不少名士如王导、桓彝等人都很器重他。谢安思想敏锐深刻，风度优雅，举止沉着镇定，而且能写一手漂亮的行书。他从不想凭借出身和名望获得高官厚禄，朝廷先征召他入司徒府，接着又任命他为佐著作郎，都被他以身体上有疾病给推辞掉了。后来，谢安干脆隐居到了会稽的东山，与王羲之、支道林、许询等人游玩于山水之间，不愿当官。当时的扬州刺史庾冰仰慕谢安，好几次命郡县官吏催逼，谢安不得已勉强应召。只过了一个多月，他又辞职回到了会稽；后来，朝廷又曾多次征召，他仍一一回绝。这引起了很多大臣的不满，纷纷上书要求永远不让谢安做官，朝廷考虑了各方面的利害关系后，没有答应。

咸安二年 (372)，简文帝即位不到一年就死去，太子司马曜即位，是为孝武帝。桓温原以为简文帝会把皇位传给自己，大失所望，便以进京祭奠简文帝为由，率军来到建康城外，准备杀大臣以立威。他在新亭预先埋伏了兵士，下令召见谢安和王坦之。王坦之非常害怕，问谢安怎么办，谢安却神情坦然地说："晋的存亡，就在此次一行了。"王坦之只好硬着头皮与谢安一起去。他们出城来到桓温营帐，王坦之十分紧张，汗流浃背，把衣衫都沾湿了，手中的笏板也拿倒了。而谢安却从容不迫，就座后神色自若地对桓温说："我听说有道的诸侯只是设守卫在四方，您又何必在幕后埋伏士兵呢？"桓温听后很尴尬，只好下令撤除了埋伏。由于谢安的机智和镇定，桓温始终没敢对二人下手，不久就退回了姑孰，这场迫在眉睫的危机被谢安从容化解了。

383 年，前秦苻坚率军南下，想要吞灭东晋，一统天下。建康城里一片恐慌，谢安还是那样镇定自若，以征讨大都督的身份负责军事。桓冲担心建康的安危，派三千精锐兵马前来协助保卫京师，被谢安拒绝了。谢玄也心中忐忑，临行前向谢安询问对策，谢安只答了一句："我已经安排好了。"便绝口不谈军事。

淝水之战后，当晋军大败前秦的捷报送到谢安手中时，他正与客人下棋。他看完捷报，随手放在座位旁，不动声色地继续下棋。客人忍不住问他，他只是淡淡地说："没什么，已经打败敌人了。"直到下完了棋，客人告辞后，谢安才抑不住心中的喜悦，进入内室，手舞足蹈起来，把木屐底上的屐齿都弄断了。

谢安的低调，并不是说没有自己的追求，而是为了达到长远目标采取的有效手段。这种低调的态度为他赢得了很多人的尊敬和拥护，对于他能登上高位很有帮助。其实，在我们的生活中也是这样，采取高调张扬的态度，只能得到一些眼前的好处，而低调的长远经营，才能达到一个重大的目标。

大清名将海兰察性格强直，兵事方面的知识，他不用学习便能够通晓，枕弓卧地就知道敌人的强弱，检验马身上的箭头，就能知道敌人的远近。每次临敌，他都穿着简单的衣服，戴着布帽，绕到敌人的阵后，观察可乘之机，派遣兵马或数十骑闯入敌人阵地，左右射之，使敌人自乱阵脚，然后再整队攻打。

海兰察独自擒获敌将巴雅尔，以少胜多的故事充满了神秘的传奇色彩。与巴雅尔不期而遇之时，海兰察正在山中砍木头，随即抢斧上马与之大战。巴雅尔显然不是海兰察的对手，几十个回合下来，巴雅尔体力渐渐不支，随时都有被砍下马来的危险，为了保全生命，巴雅尔被迫下马归降，并割下一角衣襟给海兰察作为凭证。

战争结束后，全军将士论功行赏，很多人都说巴雅尔是自己擒获的，为此争执不休，海兰察却什么也没说。由于分辨不出，上级便下令让巴雅尔自己到军营里去认，结果认出海兰察来。那些高级将领很不服气，纷纷让海兰察拿出证据，于是海兰察把割下的那一角衣襟拿了出来，众人都不说话了。乾隆皇帝赐其额尔克巴图鲁称号。这件事后，海兰察的勇猛无敌以及谦逊正直的人品得到了上级的赏识。

康熙年间，准噶尔蒙古部上层贵族噶尔丹勾结沙俄，在青海、西藏等地制造分裂、多次发动叛乱，严重影响国家统一，民族团结。清廷多次派兵加以镇压，这场战争一直延续到乾隆帝执政时期，乾隆年间的1755~1758年，海兰察参加了平灭准噶尔叛乱的战斗，并屡建奇功。

1773年清军在征剿大金川的战事中受挫，温福阵亡。清廷命阿桂为定西将军，丰绅额、明亮为副将，分路进军。海兰察带领 8000 人，连续攻克大金川多处碉卡和山寨，并出奇兵大败敌于罗博瓦山。清廷因为罗博瓦山大捷升海兰察为内大臣，改赐"绰尔和罗科巴图鲁"（杰出的英雄)，并授予参赞大臣、御前侍卫行走。海兰察率军自康萨尔进剿，连续攻克大金川多处据点，迫使大金川头目诺木索率大小头目 2000 余人投降。至此，历时几年的战事结束。

乾隆皇帝赐给海兰察御用鞍、辔、马各一，爵一等超勇侯。同时，再次图像绘入紫光阁，列第八位，不久又授予领侍卫内大臣。

1787 年，清廷命福康安为将军，海兰察为参赞大臣出征台湾。同年败义军于大里栈，次年正月俘义军首领林爽文。清廷嘉奖海兰察身先士卒，勇略过人，晋二等超勇公，赐红宝石顶，四团龙补褂，又因擒林爽文，乾隆皇帝赐紫缰、金黄瓣、珊瑚朝珠，第三次图像绘入紫光阁，位次第五。

1791 年廓尔喀（今尼泊尔)在英国殖民势力的支持下，勾结西藏大封建主势力，武装侵略后藏。同年，乾隆皇帝授福康安为将军，海兰察、奎林为参赞大臣，率军征讨廓尔喀。次年，廓尔喀降。因征廓尔喀有功，晋升海兰察为一等超勇公，第四次图像绘入紫光阁，位次第六。

海兰察从不居功自傲，而是兢兢业业地为清王朝打天下，他的才华能力没有自我炫耀，却被大家所赞赏、所崇敬。

由此可见，一个人本身有能力、有才华，即使自己不去刻意地显示、夸耀，别人也能明白、看出、了解到你的实力，不必害怕埋没了自己。当一个人保持低调的平淡时，也肯定不同于一般庸碌之人的平庸，而是由此到达那些高调张扬的人所不能达到的巅峰位置。

成大事者，必定是有大胸怀、大气度、大智慧。为人谦逊，守己谨慎，淡泊名利，恰是千古留名的方式。虽在语言表达形式上愚钝一些，但这并不妨碍他们能力的显现，所谓大智若愚，大音希声，说的就是这个道理。而那些经常自以为了不起，做了一点事恨不得让全世界都知道的人，总会让人觉得太过于矫情，没有内涵。要深知，是金子总会发光，不急于进取，低调为人，才是成功的根本。

第五章 三省自身

——孔子原来这样说修身

　　古人是很重视修身的，"吾日三省吾身"，"达则兼济天下，穷则独善其身"，这些都说到修身的重要性。要想加强自身修养，就要学会自我反省。遇到不愉快的事发生，先反省自己，并且勇于接受别人的善意批评。生活中，处处充满诱惑，如果我们不能坚定自身，必将被流俗淹没，失去自我，甚至在无尽的欲望中消殆了自己的肉体与灵魂。反省是一种胸怀，更是一种力量。

闯过人生的三个关隘

【原典】

孔子曰：君子有三戒：少之时，血气未定，戒之在色；及其壮也，血气方刚，戒之在斗；及其老也，血气既衰，戒之在得。

【古句新解】

孔子说："君子有三件事应该警戒自己：年轻时，血气未定，应在迷恋女色方面警戒自己；壮年时，血气正旺，应在争强好斗方面警戒自己；年老时，血气既衰，应在贪求名利方面警戒自己。"

自我品评

孔子一生中备受冷遇，历经劫难，却活到73岁。在古代，人类受医药诸方面的限制，难以战胜疾病，再加上物质条件落后，故"人生七十古来稀"。那么，孔子是怎样在逆境中得享古稀之龄的呢？

孔子非常注重心理上的健康，他说，君子有三戒——少年戒色、中年戒斗、老年戒贪。

少年时期要打好人生的基础。这一时期是人生成长的黄金时期，首要任务是掌握知识，培养良好的习惯，为将来的打拼奠定基础。

在孔子看来，少年时期正是长身体的时候，一切刚刚开始，离成熟还需要一段时间，绝不能陷入卿卿我我的感情漩涡中。外表虽然已经像大人，但肢体骨骼还未真正长成，血气轻浮，不够牢固。此时，正要注意加强营养、巩固身体。然而，这个时候的青年由于自制能力较差，意气用事，做事全凭冲动，容易受到外在的诱惑而伤害自己。

据调查显示，50.1%的男性罪犯和71.9%女性罪犯首次性犯罪的年龄均在15至19岁之间。

青年戒色，不仅仅是说"不要因为禁不住色诱而犯罪"，也有"节欲"的含义。现在的青少年生理成熟远远早于心理成熟，很多人都有难以把握的事情，令他们无法理智地思考和控制。越是父母应该监督的事，越背着父母——父母知道了，肯定完蛋了。古时"医圣"孙思邈就曾经说过：少时纵欲虽获得一时快意，但因为精髓竭绝，终会成短命鬼。

据史料记载，明朝皇帝朱载垕因少时纵情施欲，36岁就死了；清代皇帝同治，年纪轻轻之时就对众多宫室贵嫔感到不满足，竟微服私下与妓女行乐，也过早去世了。男女之间如果过分地贪欲，很多人只到三四十岁，身体就毁掉了。有许多中老年人的病，就因为少年时的不知自控，没有"戒之在色"而种下病因。所以，少时纵欲有悖于养生法则，无疑是应该戒绝的。

孔子认为，人到中年要戒斗，就是不要逞强好胜、好勇斗狠，千万别"不蒸馒头争口气"。人到中年，身强体健，精力充沛，总想着大有作为，大干一场，及早建立一番功业，对事情反应往往过激，以致出现大喜大悲的情绪变化。但是，孔子告诫中年人，身体好固然可以想着去建功立业，但不要一味地好勇斗狠。这话很有深意，人在身体健壮的时候，通常对自己都很有信心，遇到不顺的事情不愿低头，往往容易与人争执，甚至因小失大，更有甚者送了性命。

著名作家柳青曾经说过："人生的道路虽然漫长，但紧要处常常只有几步，特别是当人年轻的时候。"年轻不谙世事，往往一步走错，悔恨终身。

东汉时期的著名文学家、书法家崔瑗（公元77~142年），作为一个有志青年，勤于思考，钻研书法，获得了父老乡亲的称赞。但崔瑗性格十分刚烈，一次，他的哥哥崔璋被人杀了，崔瑗为给哥哥报仇，又亲手杀了凶手。按汉朝的法律，杀人是要偿命的，所以崔瑗只好更名改姓，亡命天涯，吃了很多苦，一直遇到大赦才回乡。他对自己的鲁莽行为很后悔，写了一篇告诫自己的铭文。因经常把铭文放在座位的右边，所以称为"座右铭"。"座右铭"是这样写的：

勿道人之短，勿说己之长。施人慎勿念，受施慎勿忘。世誉不足慕，唯仁为纪纲。隐心而后动，谤议庸何伤。无使名过实，守愚圣所臧。在涅贵不淄，暧暧内含光。柔弱生之徒，老氏诚刚强。行行鄙夫志，悠悠故难量。慎言节饮食，知足胜不祥。行之苟有恒，久久自芬芳。

崔瑗的座右铭不仅警示了自己，也警示了后人。其教训是值得记取的。

进入老年时期，人开始气血两亏，身体不济，死亡的临近使他们对生命充满依恋。在这种内心恐慌的促使下，人往往会拼命地试图抓住所能拥有的一切。对生命的贪恋造成了行为上的南辕北辙——精力和体力都被这种贪恋消耗掉，从而促使人更快地走向死亡的不归路。所以，孔子强调老人要戒贪。许多大半生都很成功的老人晚节不保，原因就在于此。

晚清的李宝嘉写了一本小说《官场现形记》，其中描写一个做官的人做上了瘾，临死时躺在家里床上，已经进入弥留状态。这时，他的心里只有一个意念：还做官，还要过官瘾。于是，两个副官站在房门口，拿出旧名册，一个副官念道："某某大员驾到。"另一个副官念道："老爷欠安，挡驾!"

现实生活中，的确有一些像《官场现形记》中描写的这一类官迷。他们离了官位，就活不下去了。在位的时候，下属前呼后拥，百般奉迎，自己威风凛凛，生龙活虎。退休以后，"人走茶凉"，门前冷落车马稀，大家也不再把他高看一等，在家就闲得发愁、发烦、发慌，甚至因此憋出了病、憋没了命。

还有些人，已经很有钱了，却还是拼了老命去赚更多的钱。别人想不通，问他为什么这么"要钱不要命"。他回答："正因为年纪大了，才拼命赚钱。如果再不赚，就没多少机会了，我要给儿孙留够1000万。"

有许多人年轻的时候勤奋敬业，踏实肯干，在工作上做出了很大成绩，有的在领导岗位上任职多年，一身正气，两袖清风，临近退休却在权与钱上栽了跟头，这是十分令人痛惜的。在他们的潜意识里，还有着"权力即是金钱"的心理，认为"有权不用，过期作废"；在退休之前抱着侥幸心理捞一把，以为只要屁股擦干净，退休后就基本上不会出事。殊不知，这样做到头来毁了自己也毁了家庭，真是害人害己。

如何根除这种现象呢，孔子的话可以作为警钟，时时长鸣，那就是"戒之在得"，戒除自己的贪念，保持一份平和的心态。孔子讲的"三戒"如同人生三个关隘，闯过去便是踏平坎坷成大道，闯不过去便是拿到了一张不合格的人生答卷，轻则半生虚度，重则一生荒废。无论人处于什么阶段，这"三戒"的内容都应当牢记心中，用理性的缰绳去约束情感和欲望的野马，达到中和调适，便能顺利闯过人生的这几个关口。

不迁怒，不贰过

【原典】

哀公问：弟子孰为好学？孔子对曰：有颜回者好学，不迁怒，不贰过，不幸短命死矣。今也则亡，未闻好学者也。

【古句新解】

鲁哀公问孔子："你的学生中谁是最好学的？"孔子回答说："有一位叫颜回的学生好学，他从不迁怒于人，不重犯相同的过错。不幸他短命死了，现在再没有这样的人了，再也没有听说有这样好学的人了。"

自我品评

孔子的弟子颜回有很多优点。在这里，孔子谈到了其中的两个，就是"不迁怒，不贰过"。所谓不迁怒，就是自己有什么不顺心的事，有什么烦恼和愤怒，不发泄到别人身上去。说得通俗一点，就是不拿别人做自己的出气筒。

清人傅山说过这样一句话：愤怒正到沸腾时，要能铲除并停止住，这一点不是"天下大勇者"便不能做到。孔子也说："小不忍则乱大谋。"如果你想和对方一样发怒，你就应想想这种爆发会产生什么后果。如果你知道发怒必定会损害你的身心健康和自身利益，那么你就更应该时时刻刻约束自己、克制自己，不管这种自制是如何的费时费力。

西汉名臣张良在年轻时曾遇到这样一件事。一天，他散步路过下邳桥，这时有个老人，穿着粗布衣服，走到张良跟前，故意将鞋子掉到桥下，冲着张良说："小子，下去给我把鞋捡上来!"张良听了先是一愣，真想揍他一顿，可一想，他是个老年人，就强忍着怒气到桥下把鞋子捡了上来。老人说："给我把鞋穿上。"张良想了想，既然已经为他捡了鞋，好事就做到底吧，于是跪下来仔细地给老人穿鞋。老人穿上鞋后笑着离去了，一会儿又返回来，对张良说："你这个小伙子值得教导。"于是约张良再见面。这个老人最后向张良传授了《太公兵法》，使张良最终成为一代良臣。

老人这样考验张良，就是看他有没有忍辱负重、不迁怒于人的自我克制的修养。有了这种修养，"孺子可教也"，今后才能担当大任，处理各种复杂的人际关系和艰巨的事情才能游刃有余；才能遇事冷静，知道祸福所在，不意气用事。正如中国古代作战，一方守城，一方攻城。守城将士将护城河上的吊桥高高扯起，紧闭城门，那攻城的便无可奈何。到了最后，攻城的便在城下百般秽骂，惹得那守城的怒火中烧，杀出城来——因为这样攻城的就可以乘机获胜了。兵法上称之为"激将法"。只要守城的能克制忍耐，对方也就无计可施了。我们在生活中也要时刻注意这种修养，克制、忍耐地处理好所遇到的人和事。

迁怒于人是一个人缺乏修养的表现。我们不能做这样无修养的人。孔子提醒我们："忿思难。"当你要发怒时，一定要先想想它会带来什么祸患。既"不迁怒"，又"忿思难"。常记着孔子的这两句话，我们就能控制自己的情绪，冷静地处理好各种复杂的人际纠葛和麻烦的事情。这不但有助于我们事业的成功，也有益于我们身心的健康。

说完了"不迁怒"，再说说"不贰过"。

同样的错误一犯再犯，就是"贰过"。比如酗酒的人，酒醒后赌咒发誓再也不酗酒了。可下次见到酒，又是酩酊大醉。再如抽烟的人，一再说戒烟，可就是戒不了。就像美国作家马克·吐温自嘲的："戒烟有什么难的?我都戒了一千次了。"

有个人脾气非常暴躁、易怒，经常与人发生争执，很多人都不喜欢他。有一天，这人到大德寺游玩，碰巧听到一位禅师正在说法。听完后，他受益匪浅，愿痛改前非。于是，他对禅师说："师父！我以后再也不跟人打架、发生口角了，免得人见人厌，就算是受人唾面，我也会忍耐地拭去，默默地承受！"

禅师说："何必呢，就让唾沫自干吧，不要去拂拭。"

"那怎么可能?为什么要这样忍受?"

"没有什么不能忍受的，你就把它当做蚊虫之类停在脸上，不值得与它打架或者骂它。虽受唾沫，但并不是什么侮辱，微笑地接受吧!"禅师说。

"如果对方不是吐唾沫，而是用拳头打过来时，那怎么办?"

"一样呀! 不要太在意，这只不过是一拳而已。"

这人听了，觉得禅师说得太没道理，终于忍耐不住，忽然举起拳头向其头上打去，并问："和尚，现在怎么样?"

禅师非常关切地说："我的头硬得像石头，没什么感觉；倒是你的手，大概打痛了吧?"这人哑然，无话可说。

在生活中，我们偶而会见到某些当事人因不能克制自己的情绪，而引发争吵、咒骂、打架，甚至流血冲突的事件。有时仅仅是因为你踩了我的脚，或者是一句话说得不当，或是在地铁里为抢座位，在公交车上挨了一下挤，都可能成为引爆一场口舌大战或拳脚相加的导火索。在社会治安案件中，相当多的案件很大程度上是由于当事人不能冷静地思考和处理而造成的。

人皆有七情六欲，遇到外界的不良刺激时，难免情绪激动，发火、愤怒，是人的一种自我保护的本能，是生理和心理反应。但是这种激动的情绪是不可放纵的，因为它可能导致我们丧失冷静和理智，使我们不计后果地行事。在遇到事情时，在面对人际矛盾时，我们要学会克制，学会忍耐，而不要像炮捻子，一点就着，引起一些不必要的麻烦。"不迁怒，不贰过"，需要你有优秀的道德修养，谦虚做人，有坚忍的勇气和毅力，勇于承认错误，面对错误，改正错误。只有这样，你的个人素质才能得到进一步的提高，才能"百尺竿头，更进一步"，得到别人的尊敬和爱戴。

忠言逆耳多倾听

【原典】

子曰：法语之言，能无从乎？改之为贵！巽与之言，能无说乎？绎之为贵！说而不绎，从而不改，吾未如之何也已矣！

【古句新解】

孔子说："符合礼法的正言规劝，谁能不听从呢？但只有按它来改正自己的错误才是可贵的。恭顺赞许的话，谁能听了不高兴呢？但只有认真推究它的真伪是非，才是可贵的。只是高兴而不去分析，只是表示听从而不改正错误，对这样的人，我拿他实在是没有办法了。"

自我品评

孔子作为一位严师，总是告诫他的弟子们一定要听取别人的批评，并且还要确实能够改正；对于那些恭维的话，要学会冷静地去分析，这才是可贵的。以人为鉴可以知正误。犯了错误时，如果有人及时提醒，使自己认识到错误，加以改正，就可以尽力挽回损失。尤其要注意的是，当别人指出自己的错误时，即使自己没有这样的错误，也不能怨恨于人，要以宽广的胸怀去面对，谦虚谨慎地进行反思，无则加勉。只有这样，才能不断地完善自身。反之，如果以狭隘的思想去理解，认为对方是在故意找自己的麻烦，而不去反思自己是否真的有过错，那么就可能与事实背道而驰，与成功失之交臂。

李世民非常喜欢魏征对他讲的"兼听则明，偏信则暗"这一句话。

他常对大臣们说："自古以来帝王怒起来就随便杀人，夏朝的关龙逄、商朝的比干，都因为敢谏而被杀；汉代的晁错也是无罪被杀。我总是以此为戒，提醒自己不要这样。为了江山社稷，请你们经常指出我的过错，我虚心接受并时常改正。诸位经常记着隋朝灭亡的教训，我时常想着关龙逄、晁错死得冤枉，那咱们君臣互相保全不很好吗？"

唐太宗正是因为听取魏征的忠言，才能及时更正错误，使人民安居乐业，国泰民安。后来，魏征死了，他伤心地说："人以铜为镜，可以正衣冠；以古为镜，可以见兴替；以人为镜，可以知得失。魏征没，朕亡一镜矣。"唐太宗能听取大臣的劝谏，勇敢地认识和面对并改正自己的过错，从而纠正了不少过错，带来了贞观盛世。因此，作为一个朝代的统治者，能够懂得知错改错，这不单对他个人有好处，也是国家社稷之幸。

俗话说："良药苦口利于病，忠言逆耳利于行。"每个人都爱听好听的话。好听的话的确能够使人精神愉悦，同时又长面子，可是有些好听的话就如漂亮的罂粟花，美丽却不失毒性。一个人如果能听从难以入耳的忠言，就能修身养性，提高自己的品德；相反，如果一直听悦耳的话，被甜言蜜语包围，就如同中了鸩毒一般，看不到自己的缺点，则此生再也无望了。"鸩毒"是什么呢？鸩是一种毒鸟，所谓"鸩毒"，指的是用鸩制成的毒药。

有一次，管仲向齐桓公进谏："宴安鸩毒，不可怀也。"原来齐桓公爱姬甚多，常在后宫饮酒作乐，管仲见了很担心，就把酒色比作鸩毒，劝诫齐桓公勿近醇酒妇人。齐桓公毛病很多，只因有管仲辅佐，他对管仲也委以重任，管仲常以忠言相劝，才使齐国成为春秋五霸之一。到管仲去世后，事情就发生了变化。

公元前645年，管仲病危。齐桓公前去看望他，问他："仲父病成这个样子，有什么话要和寡人说吗？"管仲劝他离易牙、竖刁、开方这些人远点。

管仲死后，齐桓公开始时还记着管仲的劝告，将这些人赶出了宫，可是他非常不习惯没有这些小人在身边的日子，于是不久之后又将他们召回来了。齐桓公将管仲的劝告置之脑后，亲近和重用易牙、竖刁、开方等人，这些人把持了齐国的大权，齐国政治日渐腐败。齐桓公却没感觉有任何不妥，说："仲父的话是言过其实了。"齐桓公生病的时候，这几个人一同叛乱。他们在桓公寝室四周筑起一道围墙，禁止任何人入内。这时，桓公哭得涕泪横流，感慨道："唉！还是圣人的眼光比我们远大呀！若是死者地下有知，我还有什么脸面去见仲父呢？"说罢，自己扬起衣袖捂住脸部，气绝身亡，死在寝宫。由于齐桓公的儿子们为争夺君位而相互残杀，没人有心思去管死去的齐桓公。齐桓公的尸体在床上停放了六十七天，上面只盖一张席子，以致腐烂发臭，蛆虫爬出门外。直至无诡正式即位，才将齐桓公的尸体放入棺中，停枢待葬。

齐桓公的死可以说是他自己一手造成的，他的悲剧提醒人们，如果听不到批评意见，听不进逆耳的忠言，就认识不到错误，察觉不了灾祸。就无法提醒、警策自己，这是件很危险的事。整天被赞扬的话包围，赞美之词不绝于耳，就像喝含有"鸩毒"的美酒一样，听多了就会丧失警觉，削弱自己发奋上进的精神，沉湎在自我陶醉的深渊中，积羽沉舟，最终毁了自己。

《周易·小过》中有："弗过，防之，从或戕之，凶。"意思是说，在没有产生失误前要加以防范，过于放纵就会伤害自己，那就凶险了。因此，当我们觉得自己没有过错而受到别人的批评时，千万不要盲行和顶撞。要勇于接受批评，时刻引起警惕。

生活即艺术，是一种修炼，是一片净土，不是武术，不是战场。虔诚的攻艺者当专心不二地将自己的精力、心力都用到艺事上。批评是一束智慧，批评是一份爱心，批评是一片袒露的真诚，批评，始终是攻艺者的强身之本。

忠言逆耳多倾听，虽然批评意见有时"带刺"，令人难以接受，但它含有品评、判断、指出好坏的目的，带有激励、教导、鞭策的愿望，起着积极的作用。可人是有感情的，常常因情感、情绪的变化，对别人的批评有不同的反应。喜欢听溢美之词，厌恶批评之语，这是人性的弱点，也是人之常情，即使是大人物也在所难免。但是，如果一味地沉浸在恭维称赞声中，总有一天，自己也会被淹没。忠言与谗言之间，顺耳与逆耳之间，每一次选择都意味着对缺点的正视与逃避。不可以轻易否定忠言，否则你将会错失一位真心的朋友；也不可以盲目地陶醉于花言巧语，否则你将会沉溺于自我，看不到外面的世界。我们需要不断地进步，就要听得进忠言，别人的批评教育就像人生路上的一盏明灯，照亮着我们前进的道路。

壁立千仞，无欲则刚

【原典】

子曰：吾未见刚者。或对曰：申枨。子曰：枨也欲，焉得刚。

【古句新解】

孔子感慨地说："我没有见过刚强的人。"有人回答说："申枨就是这样的人。"孔子说："申枨贪欲太多，怎么可能刚强呢？"

自我品评

孔子并非普遍地反对人们的欲望，因为首先来讲，人的生存具有物质属性，所以，人们在日常生活中，希望吃得好一点，住得好一点；希望病痛少一点，快乐多一点，这些都是正常的欲望，都是人之常情。"人不为己，天诛地灭"，一个人有私欲是在所难免的。有的时候，你的私欲或许不会妨碍他人，但在大多数情况下，对私欲的无尽追逐会有害于他人，遭怨也就难免了。人争取利益是可以理解的，但一定要以义为准则，不仅要满足自己适度的生存要求，还要顾及他人的存在。如果放纵自己，任由私欲膨胀，必然会脱离做人的基本原则，最终成为权力、金钱或美女的俘虏。因此，人只要抛弃私心，就会光明磊落，就会处事公道，这就是无欲则刚。

与孔子生活在同一时代的晋国大夫祈奚，可以称得上无欲则刚的典范。

祁奚，字黄羊，春秋时期晋国大夫，历经晋国景、厉、悼、平四世，可谓四朝元老。

悼公继位后，任命祁奚为中军尉。平公时，复起为公族大夫。祁奚为官约六十年，忠公体国，急公好义，誉满朝野，深受人们爱戴。

祁奚因年事已高，向晋悼公请求告老隐退。晋悼公问祁奚："你辞退以后，谁接任较为合适呢？"

祁奚回答说："解狐这个人可以。"晋悼公大惑不解，问道："解狐不是跟你有仇吗？"祁奚说："君问我谁适合担任中军尉，并非问谁是我的仇人。"

晋悼公正准备任命解狐为中军尉，解狐却死了。晋悼公又征求祁奚的意见，祁奚回答说："祁午可以任中军尉。"晋悼公见祁奚推荐祁午，于是问道："祁午不是你的儿子吗？"祁奚回答说："君问谁适合担任中军尉，并非问谁是我的儿子。"

祁奚在推荐继任者问题上，外举不避仇，内举不避亲，历来为人们所称道。

后来的事实证明，祁奚的举荐确实具有独到的眼光。祁午担任中军尉后，好学而不戏，守业而不淫，柔惠小物而镇定大事，有质直而无流心，"军无秕政"，的确是中军尉的合格人选。

祁奚以公而无私赢得了朝野内外的赞誉，他的言行也随之成为衡量是非曲直的标准。

人生而有欲，天经地义。但只能有正当之欲，且应加以节制。林则徐曾经说过："海纳百川，有容乃大；壁立千仞，无欲则刚。"

《史记》上说："欲而不知止，失其所以欲；有而不知足，失其所以有。"寡欲，就能胸怀宽广，就能乐观旷达，就能心态平和。

孔子这篇言说的对象主要是上层统治者。如果统治者行事只为一己私利，而不为百姓着想，那么天下苍生定会遭殃。所以，放于利而行，必招民怨，这是政治层面的解读。但是，儒家内圣外王之道不是割裂开的，而是相互融合的。修身而后能平天下，齐家之道和治国也是共通的。儒家不是单纯的政治哲学或者单纯的伦理学，对于个人来说也是有意义的。社会是一个大群体，人是处于人际关系网中的个体。因此，"放于利"是行不通的。正如程子所说："欲利于己，必害于人，故多怨。"

人不可能像个木头人一样一点欲望都没有，但不能有过分的欲望。没有贪欲，就可以做到"软硬不吃"，坚持自己做人的原则，至大至刚。而一旦有了贪欲，不是"吃人家的嘴软，拿人家的手短"，就是"英雄难过美人关"，哪里还算什么刚毅的男子汉呢？

虎门销烟中闻名中外的清朝封疆大吏林则徐，便深谙"无欲行自刚"的道理。他以"无欲则刚"为座右铭，为官40年，在权力、金钱、美色面前做到了洁身自好。他教育两个儿子"切勿仰仗乃父的势力"，实则也是本人处世的准则。他在《自定分析家产书》中说，"田地家产折价三百银有零"、"况目下均无现银可分"，其廉洁之状可见一斑。他终其一生，从未沾染拥姬纳妾之俗，在高官重臣之中恐怕也是少见的。

像林则徐这样的人，可说是"刚"。人类的一切烦恼都源于贪欲，因为贪欲是无限的，而能得到满足的贪欲是有限的，所以我们一生烦恼不断。他们之所以能做到"刚"，是因为他们心里没有那么多的贪欲，或者说能克制自己的贪欲。

经商与做官一样，都要克制自己的欲望。经商就怕一开始就在心中膨胀出一个很大的贪欲魔鬼。这会使人变得浮躁，而不脚踏实地去赚钱。或者说因为贪欲，而不遵守自己经商的原则，总想着一口吃个胖子。企业家是不能缺乏实干精神的，任何怠惰都可能导致经济上的损失。没有天生的百万富豪，要想开创一番大事业，就必须亲力亲为、戒贪戒躁，从最基本的做起，经受最艰苦环境的考验。只有这样，你才能经垒土之末，成千尺高台。

"无欲则刚"，此言不虚。如果我们在某一方面有欲望，那这种欲望就有可能被别人所利用。如果贪色，有求之人就可能诱之以色；如果贪财，别有用心之人就会诱之以财；你喜好什么，他就给你什么。

当看到鱼儿因贪吃而上钩时，我们会笑鱼儿太痴。但假如我们不能抑制自己的欲望，同那些鱼儿又有什么两样？

有的人就是抓住了人性中的贪欲做文章，使得一些企业家贪小便宜吃大亏，上当、上钩，深陷泥潭而不能自拔。这样的企业家，已经失去了"刚"的勇气、"刚"的凭借，只能任由别人以蝇头小利牵着鼻子走。

每个人为政、经商、求学、生活都有自己的原则。只有克制自己无限膨胀的贪欲，才能做到坚守原则，才能做到"刚"，才能得到最好的结果，最终才能成就事业。我们所应拥有的"刚"，是在大是大非上坚持真理、坚持原则的"刚"，而不是不分青红皂白，不管具体对象，都一概犟脾气，一概固执己见，一概认死理。

自私自利，是人的本性；避害趋利，是人的本能。这是无可厚非的。自私自利，避害趋利，并不危害社会、危害他人，甚或还有利于社会的进步和发展。为吃穿而奔波，为富贵而奋斗，为地位而努力，为改变命运而拼搏，只要手段正当，没有危害他人，何乐而不为？

追逐个人利益也是人类得以生存的主要基础之一。孔子并不反对这个观点，他认为追求正当的利益是应该的，即使从事卑贱的工作获得利益也无可厚非，但不能唯利是图。孔子也敏锐地看到，如果每个人都以自己的一己私利为基点来行事，就会产生灾难性的恶果。因为自私自利，世界上出现了什么"宁要我负天下人，不要天下人负我"之类的极端自私思想，这让我们不得不感叹人性的可怕。这种人缺乏的是宽容、是智慧。生活中，与人相处，原则问题当然应该刚硬坚持，寸步不让。但非原则问题，大可不必"一根筋"、犟到底，也不能"得理不饶人"。否则，除了把人际关系搞僵，让本可换个方式解决的问题走入死胡同外，又有什么好处呢？知道什么情况下应该"刚"，什么情况下则需要"柔"，需要灵活。性格刚强的人，要注意避免刚愎自用，骄傲粗暴，固执己见。只有刚柔相济，才能真正获得人生的成功。

君子坦荡荡，小人常戚戚

【原典】

子曰：君子坦荡荡，小人常戚戚。

【古句新解】

孔子说："君子心胸宽广，小人经常忧愁。"

自我品评

孔子认为，作为君子，应当有宽广的胸怀，可以容忍别人，容纳各种事物，不计个人利害得失。心胸狭窄，与人为难、与己为难，时常忧愁，局促不安，就不可能成为君子。君子做事光明磊落，小人做事见不得人。

杭州灵隐寺弥勒佛座前有一副妙联：大肚能容，容天下难容之事；开口常笑，笑天下可笑之人。一个人需要有坦荡荡的态度，才能坦然看待人生。面对不公正的待遇，要能够宽容地处理。一个人的胸怀能容得下多少人，就能够赢得多少人。自古有成天下之志者必有容天下之量，而后能成天下之功。宏大的器量，宽阔的胸襟，对一个人的事业成败至关重要。

爱默生说："宽容是一种雅量、文明、胸怀，更是一种人生的境界。宽容了别人就等于宽容了自己，宽容的同时也创造了生命的美丽。"宽容是制止报复的良方，善于宽容的人不会被世上不平之事所摆布。如果我们心中充满了怨恨，那么就会没有愉悦的心情，而且更会损害健康，于是受伤害最大的还是自己。我们要养成君子的心态，坦然看待问题。

美国第十六任总统林肯，从二十九岁就开始竞选州长和总统，前后共十一次，失败了九次。在竞选总统过程中，有一次选举结束后，他的秘书进来准备告诉他结果，此时，林肯笑着说："我想肯定是林肯那小子输了……"

慧能大师诗云："本来无一物，何处染尘埃。"超脱物外、超越自我，以平常心观不平常事，则事事平常。过于计较，过于思虑，人们就会被杂念所困，就会失去自我，成为杂念之奴。我们不要去想得到了又如何，失去又如何，反而可能做得更好。得失心不放下，想要不痛苦都不可能。人生有太多的欲望，不懂得放下只能与忧愁相伴，在人生的道路上迷失方向；人生有太多的诱惑，不懂得放下只能在诱惑的漩涡中丧生。

现代社会是一个比较浮躁的社会。一些人会为了蝇头小利耿耿于怀，会为了一些冲突和矛盾彻夜难眠。忧生于得失，惧生于得失；没有得失心，亦无所忧惧。"君子坦荡荡，小人常戚戚"，随着时间的推移和阅历的增加，人们会对这个简单的道理有着越来越多的体会。这体会是简单的、迟缓的、时隐时现、若有若无的，然而又是挥之不去、与日俱增的。

我们知道，中国历朝历代都有许许多多关于君子的格言，可是世间的君子却不见增多，反倒愈发罕见起来。这究竟是为什么？做君子究竟能够给人带来什么样的好处呢？用当前势利的眼光看，什么好处也没有！如果我们一定要找出某种好处的话，那便只是一种心灵上的慰藉而已，这大概也便是孔子当年的体会吧。

君子胸襟开阔、心地纯洁，因而坦坦荡荡；小人蝇营狗苟、患得患失，因而悲悲戚戚。

平心而论，我们大多数人既不是严格意义上的君子，也不是彻头彻尾的小人，而常常是介于这两者之间的。正因如此，我们才既有

"坦荡荡"的襟怀，又有"常戚戚"的体会。并经过日久天长而真正悟出究竟哪种状态更本真、更幸福、更有意义。

一个人应该光明磊落地对待自己，找到自己潜藏的人格。立身处世，事事都须谨慎；心思动念，更要磊落光明。一念、一言的偏差正是偏之毫厘，谬以千里。做人，就是不断地完善自己的人格。只有那种虽然身处逆境却乐观的人，才具有获得成功的潜质。

莎拉·伯恩哈特从艺五十年来，她一直是美国四大州剧院里独一无二的皇后，是全世界观众最喜爱的女演员之一。后来，在71岁那年，她破产了，而这时她的医生——巴黎的波兹教授又告诉她必须把腿锯掉。

那是在一次旅行的途中，在横渡大西洋时碰到了暴风雨，她摔倒在了甲板上，腿伤得很重，并且还染上了静脉炎，医生诊断她的腿一定要锯掉。这位医生开始有点怕把这个消息告诉她。他以为，这个可怕的消息肯定会把莎拉摧垮，可是他错了，莎拉听到这个消息后，只是看了他一阵子，然后很平静地说："如果非这样不可的话，那就只好这样做了。"

当她被推进手术室的时候，她的儿子站在一边伤心地哭。她朝他挥了挥手，安慰地说："不要走开，我马上就回来。"

在去手术室的路上，她还在背她演出时的一句很经典的台词。有人问她这么做是不是为了给自己提提神，她说："不，这是要让医生和护士们踏实，毕竟他们承受的压力可能更大。"

当她恢复健康之后，莎拉·伯恩哈特继续环游世界，她的观众又为她疯狂了七年。当没有办法来反抗那些不可避免的事实的时候，我们就应该省下精力，创造出更加丰富的生活。没有人能有足够的情感和精力，既抗拒着不可避免的事实，又能利用这些情感和精力去创造新的生活。我们只能两者选择其一，可以弯下身子来面对生活中那些不可避免的暴风雨，也可以抗拒它们的摧残。

其实，生命中的所有事情，全是靠我们的勇气；全靠我们的信仰；

全靠我们对自己有一个乐观的心态。唯有这样，才能成功。

每个人都应该养成一种不回忆过去悲痛事件的习惯，要融入有兴趣的环境中，去寻求几种能使自己发笑和受到鼓舞的活动。有些人在家庭中寻找乐趣，和他们的孩子嬉戏；而另外一些人则在戏院中、在谈话中、或在阅读富有感染力的书籍中寻求欢乐。

心怀坦荡的人，善于理解别人的难处，发掘别人的长处，多想别人的好处。心胸开阔的人比心胸狭窄的人更容易成功。三国时的周瑜，他在著名的赤壁之战中，率三军打败曹操83万人马，才能出众，但就是气量狭小，容不得高于自己的诸葛亮。他给诸葛亮3天时间，让他监造10万支箭，企图加害诸葛亮，结果诸葛亮用"草船借箭"渡过难关。周瑜几次与诸葛亮较量失败，积气伤身，口吐鲜血，最终仰天长叹："既生瑜，何生亮!"吴国鲁肃评论："公瑾量窄，自取死耳。"而蒙受"胯下之辱"的韩信，后来受到刘邦重用，被任命为大将军，帮助刘邦击败项羽。有一天，韩信从家乡路过，派人找来当年逼迫自己钻他胯下的那个人，那人以为韩信要杀他报仇，拼命求饶。韩信却笑着对他说："你不用害怕，多年来，我一直把胯下之辱铭记在心，告诫自己不停奋进，实现自己抱负。为了感谢你，我现在任命你为楚国中尉"(中尉的职责是专管扰乱社会秩序的人，维持社会治安)。周瑜和韩信，一个心胸狭窄，要报复恩人，气死自己，成为历史一大笑话；一个心胸开阔，感谢仇人，委以重任，成为历史一大佳话。

人生在世，都要有能力自治其心，也就是治心窄，求心宽。一个心胸狭窄的人，不可能干出大事，也不可能创造出优异成绩。只有忘我，才会有我。姜太公对周文王说："大度盖天下，然后能包容天下；信用盖天下，然后能约束天下；仁德盖天下，然后能收服天下；恩泽盖天下，然后能保天下；权势盖天下，然后能不失天下。"君子坦荡荡，光明磊落的人，会从容悠闲，心地平和地对待一切事物和一切人。宁静致远，坦荡明心，他必定会在生命的航行中乘风破浪，在五彩缤纷的生活中八面来风，游刃有余。

万事皆缘，随遇而安

【原典】

叶公问孔子于子路，子路不对。子曰：女奚不曰，其为人也，发奋忘食，乐以忘忧，不知老之将至云尔。

【古句新解】

叶公向子路问孔子是一个什么样的人，子路没有回答。孔子说："你为什么不这样回答：他这个人，发奋用功时会忘了吃饭，快乐起来会忘记忧愁，连自己将要衰老都不知道，如此罢了。"

自我品评

《菜根谭》里有一句格言："万事皆缘，随遇而安。"生在人世间，我们必须学会接受现实，虽然现实有时候很残酷，但只要学会随缘一世，就能活得自在。

宋神宗熙宁七年秋天，苏东坡由杭州通判调职任密州知州。我国自古就有"上有天堂，下有苏杭"的说法，北宋时期杭州早已是繁华富足、交通便利的好地方。密州属于古鲁地，交通、居处、环境都不如杭州。

苏东坡说他刚到密州的时候，每年的收成都不好，到处都是盗贼，能吃的东西十分少，他和家人还常常用枸杞、菊花等野菜当做粮食。人们都以为苏东坡先生过得肯定不快活。

谁知道苏东坡在这里过了一年后，不仅脸上长胖了，就连过去的白头发也变黑了。这奥妙在哪里呢？苏东坡自己说，我很喜欢这里淳厚的风俗，而且这里的官员百姓也都愿意接受我的管理。于是我就有闲情自己整理花园，清扫庭院，修整破漏的房屋；在我家园子的北面，有一个旧亭台，稍加修茸后，我常常在那里登高望远，放任自己的思绪，做无穷的遐想。往南面望去，是马耳山和常山，隐隐约约，若近若远，大概是有隐居的君子吧！向东看是卢山，这里是秦朝时隐士卢敖得道成仙的地方。往西望是穆陵关，隐隐约约像城郭一样，师尚父、齐桓公这些古人仿佛至今还在。向北可俯瞰潍水河，想起淮阴侯韩信过去在这里的辉煌业绩，又想到他的悲惨命运，不免有些慨然叹息。这个亭台不光高而且安静，夏天凉爽，冬天暖和，一年四季，早早晚晚，我常常来这个地方。自己摘园子里的蔬菜瓜果，捕池塘里的鱼儿，酿高粱酒，煮糙米饭吃，真的是乐在其中。

苏东坡对人生的旷达态度在历史上是出了名的。现当代有位著名的作家评论他说："苏东坡是一个无可救药的乐天派。"虽然苏东坡一生坎坷居多，但他从没有放弃自己的政治理想，多次被贬谪，他都坦然面对，并留下了许多脍炙人口的诗词。

唐高宗时，大臣卢承庆专门负责对官员进行政绩考核。被考核人中有一名粮草督运官，一次在运粮途中突遇暴风，粮食全被刮入河中了。卢承庆便给这个运粮官以"监运损粮考中下"的鉴定。谁知这位运粮官神态怡然，一副无所谓的样子，脚步轻盈地出了官府。卢承庆见此，认为这位运粮官有雅量，马上将他召回，随后将评语改为"非力所能及考中"。可是，这位运粮官仍然不喜不愧，也不感恩致谢。

这位运粮官真正做到了"随遇而安"，反让他人敬佩。所以，做人要抱有一颗平常心。孔子的这句"发奋忘食，乐以忘忧，不知老之将至"，就包含着很深刻的人生哲理——随遇而安。"到哪个山头唱哪支歌"。全身心地适应、融入不同的环境，以自己最好的状态，来取得最好的成绩，而不受外界的影响。在学习的时候，发奋用功，能忘了吃饭，自然会取得好的成绩；在享受快乐的时候，能全心全意，不受外界的干扰，自然会忘记忧愁和时间。这就是"随遇而安"的境界。

世事难料，人生变幻。也许你苦心经营的事业会被突如其来的一场灾难毁于一旦；也许你正精心安排着你的前程，精心设计着你未来美好的蓝图，一场大病却彻底重写你的人生；也许你本来就体质虚弱，想实现壮志雄心，却是力不从心；也许你激情满怀，理性不足，盲目投资，结果不仅惨败，不经意间还花去你十年青春……在这个关键时刻，就更需要有"随遇而安"的健康、坚强的心态。

现代人常常情绪紧张、焦虑、恐惧，导致心理上的极度不安，进而带来极大的危害。因此，为人当随遇而安，随遇而安则能健康、幸福。随遇而安就是不管遇到什么事，都能够安定下来，并重新学习研究，取得新的成绩。一般说来，不做亏心事的人，心地光明磊落的人，不受无功之禄、不贪无功之赏的人，实事求是、不图虚名的人，谦虚谨慎、虚怀若谷的人，是最能做到"随遇而安"的。

什么样的人做不到"随遇而安"？大体有两类。一类是因为严于律己而"随遇不能安"，总觉得自己工作做得少，得到的荣誉多，因而能化"随遇不能安"为动力，把工作做得更好，以求心安；另一类人，面对来去匆匆的生命，却不屑于用心经营，这个看不惯，那个不满意，盲目攀比，比物不比德、比上不比下，就只能比发牢骚、比抱怨、比烦恼。这种人很难真正心安，始终处于紧张状态，身心疲惫，活得很累。

孔子是非常令人敬佩的旷达之人，其"随遇而安"的可贵精神和风范很值得我们效仿。这就要求我们学会自我调节，学会适应环境，学会随遇而安，化解一切不幸和痛苦。

穷且益坚，不坠青云之志。随遇而安是人生拼搏的另一种境界，不是消极的承受，也绝非放弃应有的追求。水看似柔弱，面对高山阻挡，巨石拦路，溪边鲜花小草柔情的挽留，终不改归海的初衷。只有随遇而安，才能卸下捆绑于心的精神枷锁，才能轻装上阵。随遇而安是无为而有为，是无欲而有欲，是成熟的一种标志，是成功者的一种素养。

在这个呼唤英雄的时代，人们总是在无休无止地攀比，在徒劳的垂死挣扎，在摈弃逆来顺受的懦性的同时，也失去了随遇而安的平静。在这个以成败论英雄的社会，我们真的需要一点随遇而安的心态。谁说跟命运抗争就一定会赢呢，或许命运本身就是对的！或许，抱持这样的心态反而会让我们有一种"柳暗花明又一村"的惊喜！

第六章 里仁为美

——孔子原来这样说齐家

　　"里仁为美"是说环境对一个人成长的影响是很大的，而家庭环境对一个人成长的影响更加不容忽视。家庭是社会的一个缩影，只有勤俭治家，形成良好的家风，才能把家治理好，继而参与国事，最终兼济天下。家治好了，国家自然安定，天下也就太平了。这也就是儒家所说的："修身齐家治国平天下。"

百万买宅，千万买邻

【原典】

子曰：里仁为美，择不处仁，焉得知？

【古句新翻】

孔子说："居住在有仁厚风气的地方才好。只选择住处而不选在有仁厚风气的地方，怎能算明智呢？"

自我品评

荀子说："品德高尚的人居住一定要选择地方，交游一定要选择朋友，这是为了远离歪风邪气而接近仁义道德。"讲的依然是"里仁为美"的意思。

中国古代人们就明白到了这个道理。《南史·吕僧珍传》里有一个"百万买宅，千万买邻"的故事：宋季雅任上卸职回到京城，在辅国将军吕僧珍家旁边买了一所住宅。吕僧珍问他买房子花了多少钱，宋季雅说花了1100万两银子。吕僧珍认为太贵了，宋季雅却说不贵，这是用100万买房子，用1000万买到了你这个好邻居。

用现代教育学的观点来看，"里仁为美"就是强调环境对人的重要影响。春秋战国之际的思想家墨子见染丝者而叹曰："染于苍则苍，染于黄则黄。五人为五色，不可不慎也。非独染丝，治国亦然。"说的也是环境影响人这个道理。孔子的"里仁为美"强调环境对人的重要影响，具体说就是搞好邻里关系。任何一个家庭都不是孤零零存在的，总有左邻右舍。邻里相处，建立在共同住地的基础上，在日常生活领域发生多方面的互助关系，于人家方便，对自己也有利。

现实中总有一种人，只关心自家的事，对邻居的情况不闻不问，或自以为清高，或标榜不多管闲事。一旦自家有事情，便后悔不已。有位大妈边跑边喊："捉住前面的小偷。"邻居小两口迎面过来，却侧身让小偷跑了过去。大妈上气不接下气地告诉他们："偷的就是你们家的东西。"待这两位明白过来再去追赶时，小偷早已不见踪影了。"只扫自家门前雪，不管他人瓦上霜"的结果，只能是自家门前雪成堆、自家瓦上霜也重。

俗话说"远亲不如近邻"，这句话是说与邻居的亲近胜过远亲。选择一个相处得来的邻居，是在许多人的能力之内的事。只是，这种选择往往是双向的。在日常生活中，需要邻居间互相帮助的事情很多。比如有的邻居工作和学习很忙，时间比较紧，或家中人手少，有孩子拖累，你要是上街买菜，不妨主动问一下邻居需要买什么菜，方便的话就顺便帮邻居买回来。有的邻居有客人来访，而碰巧家中无人，在弄清对方身份的前提下，或请客人留张纸条，或将客人让到自己家中稍候。如果客人给邻居带有礼品，可代为收下，等到邻居回来时，再将纸条和礼品一并交给邻居。这样，当你遇到困难时，大家一定会帮助你，邻里间的关系就会变得更亲近了。

邻居住在一起，难免闹些矛盾误会。一旦发生矛盾，邻居间更应互相谦让，及时处理，使矛盾不致扩大。对邻居切不可蛮不讲理，恃势逞强。

清朝时，在安徽桐城有一个著名的家族，父子两代为相，权势显赫，这就是张英、张廷玉父子。清康熙年间，张英在朝廷当文华殿大学士、礼部尚书。老家桐城的老宅与吴家为邻，两家府邸之间有个空地，供双方来往交通使用。后来，邻居吴家建房，要占用这个通道，张家不同意，双方将官司打到县衙门。县官考虑纠纷双方都是官位显赫、名门望族，不敢轻易决断。

在这期间，张家人写了一封信，给在北京当大官的张英，要求张英出面，干涉此事。张英收到信件后，认为应该谦让邻里，给家里回信中写了四句话："千里修书只为墙，让他三尺又何妨？万里长城今犹在，不见当年秦始皇。"家人阅罢，明白其中意思，主动让三尺空地。吴家见状，深受感动，也主动让出三尺房基地，这样就形成了一条6尺宽的巷子。两家礼让之举传为千古美谈。

俗话说，让人一步自己宽。如果两家孩子发生争执，首先要批评自己的孩子："你比小东大，怎么不让着点？快向小东说对不起！"即使自己的孩子吃了亏，被对方打了，他又占理，也不要对打人的孩子吼叫，这样显得大人太没有涵养了。你可以找到打人孩子的父母说明情况，因为他们不知道孩子打人的事，对孩子管教也是不利的。

实际上，邻里间往往因为一些鸡毛蒜皮的小事而闹得不可开交。双方遇事毫不相让，结果小事闹大，矛盾加深，结成疙瘩，久久不能解决。在邻里相处中，应该严以律己、宽以待人。若每个家庭都能经常注意自己的涵养，邻里间的矛盾就会减少。

邻里相处，不能只图自家方便，只想自己占便宜。日常生活中，要多加注意。比如家庭聚会，不要高声喧哗，举办家庭舞会也要尽量避免影响邻居。听广播、看电视应把音量尽可能放小，尤其在午间或夜里的休息时间更应注意。有的邻居上夜班，白天要睡觉，所以白天也不宜音量过大。如今卡拉OK进入平民家庭，给生活带来了新的色彩，但如果不注意也会成为公害。现在的居民住房隔音效果很差，你尽情歌唱，别人受得了吗？一些楼房质量较差，地板渗水，拖地时不要淋水，也不要在地上洒水，以防渗到楼下的天花板上。住在楼上，不要随意往楼下扔果皮之类的废弃物，不要往窗外吐痰，更不要往下泼脏水。在阳台放置东西一定要牢固，以防掉下去砸坏楼下的人或物。占用公共面积要与邻居协商好再使用，临时停放自行车或其他物品于公共地方，不要妨碍别人行走。公共卫生要共同保持，不可只顾自己方便乱扔乱倒垃圾。要经常主动清扫楼道楼梯，不能只依赖别人去做卫生。城市居民不能养家禽家畜，以免影响环境卫生。

邻里之间成天低头不见抬头见。谁家的喜怒哀乐、送往迎来、吃喝穿戴，邻居都能看得见、听得到。有些人就爱捕风捉影，添油加醋地议论张家长李家短。今天把孙家的矛盾告诉王家，明天又把赵家的家丑告诉李家，后天再把江家的新鲜事告诉何家，甚至制造流言蜚语，弄得平地起风浪，四邻不安。可见，搬弄是非是搞好邻里关系的大敌。大文豪乔史说过："拨弄是非的舌头是魔鬼，所以上帝要用嘴唇和牙齿两道栅栏把它关在里面。"要防止"魔鬼"出来兴风作浪，人们就应自觉抵制，而不是津津乐道、推波助澜，不给搬弄是非者以市场。说闲话、嚼舌头，不管是有意还是无心，其结果都是不好的。邻居们在一起聊天的时候，不要说伤和气的话，不做损害人的事儿，不去打听邻居的私事，也不偏听偏信。听到对自己的是非之言，要冷静分析，不去过多计较，如有人恶意中伤，毁人名誉，应严肃纠正，必要时还可诉诸法律。

邻居好，赛金宝。常和品行高尚的人在一起，就像沐浴在种植芝兰散满香气的屋子里一样。时间长了便闻不到香味，但本身已经充满香气了；和品行低劣的人在一起，就像到了卖鲍鱼的地方，时间长了也闻不到臭了，也是融入环境里了；藏丹的地方时间长了会变红，藏漆的地方时间长了会变黑，也是环境影响使然！所以真正的君子必须谨慎地选择自己处身的环境。

真正的爱是放手

【原典】

子曰：爱之，能勿劳乎？忠焉，能勿悔乎？

【古句新解】

孔子说："爱他能不为他操劳吗？忠于他能不对他劝告吗？"

自我品评

孔子这句话——"爱之，能勿劳乎？忠焉，能勿诲乎？"是有关于教育，也有关于个人修养的。以自己的孩子为例，要爱护，却不能溺爱，太宠爱就会害了他，要使他知道人生的艰难困苦。

溺爱是中国人传统的育子方法，因为溺爱培养下的孩子缺少独立性格，符合中国人的思维方式。金晶晶出生在一个令同龄人羡慕的富裕农民家庭。父母前些年开金矿，积攒下万贯家产，成为村里的首富。父亲开的是奥迪 A6 轿车，母亲开的是捷达王，出门到村里哪家打麻将都要开车去。家庭的富有，使金晶晶从小娇生惯养，养成了好逸恶劳、任性不羁的坏习惯。她学会了抽烟、喝酒，大把大把花钱，在农村，她每月的开销是 2 千元，让别的孩子望尘莫及。没有钱，就向父母要，少则上千，多则上万。有一次，她撒谎要买东西，向父亲要万元，父亲一甩手给了她一叠百元钞票，数了数是 2 万 2 千元，不到两个月就花光了。母亲多次训斥她，金晶晶怀恨在心。后来要不到钱了，竟然伙同男友残忍地用铁锤把母亲砸死。太溺爱孩子反而使她走上邪路，这件事例值得我们深思。

舐犊情深是为人父母的本性。怎么才能给孩子真正的爱呢？这个看似简单的问题，却有许多家长看不透、看不穿，反而陷入"溺爱"的深渊而不能自拔，只是"当局者迷，旁观者清"吗？看看孔子说的话，就晓得正确答案了。

培养孩子得让他吃点苦头，一分一厘，当思来之不易；只有懂得做人做事的艰辛，才会认真对待自己的人生。

一个人小时候依赖父母，但早晚要去独立生活。如果没有一定的技能，就难以迈出自立的第一步。美国许多大富豪也是鼓励自己的孩子要自立，而不是依靠遗产生活。美国有一个深入人心的广告：父母举着装有铁锤、锯子、螺丝刀的工具箱说："给孩子工具箱，而不是百万遗产。"日本的小学生入学的第一课，就是要学会怎样使用榔头，并且有很多劳动技能课。

很多年前，日本有一部电影叫做《狐狸的故事》。当那些小狐狸还在老狐狸身边撒娇的时候，身为父母的老狐狸却无情地把它们从家中赶走。据说它们的这种习性，叫做"清窝"。那些被老狐狸咬伤并赶走的小狐狸眼中充满着忧伤和委屈，而老狐狸则是义无反顾的坚决与果断。

这部电影告诉我们自然界的生存法则就是如此。作为一只小狐狸，如果你在幼年跨向成年的转折关头没被清过窝，也就没经历过被驱逐出家的痛苦，也就没有浪迹天涯的冒险，也就不会有用生命做抵押的开拓，也就不具备独立生活的生存能力。没被清过窝的狐狸，就像没淬过火的刀、没开过刃的剑，永远也长不大，永远是个废物。

据说小鹰们长到一定程度以后，父母会选择一天让那些小鹰们在悬崖峭壁上一字排开，然后一个个地推下去。会飞的适者生存，不会飞的物竞天择，纵然摔向谷底粉身碎骨，威严的老鹰父母也不会有一丝一毫的动摇。

狐狸和鹰的教子方式，是靠本能中的天性来实现它对下一代的爱。

尽管有些残酷，但这就是动物为了族类持续生存的天然法则。就像达尔文所说的那样：物竞天择，适者生存。

"溺爱"和"爱"虽然只是一字之差，但"失之毫厘，差之千里"。真正的爱，是磨炼，是放手，是给予孩子更多的空间。如果孩子不知道如何去生存，就将被社会无情地淘汰。如果孩子在父母身边永远有所依靠，有朝一日独立去面对这个世界的时候，就将无所适从。教育孩子应该注重培养他们独立的意志品格，不能娇生惯养，因为溺爱会生害。孩子只有依靠自己的努力掌握今后立足于社会的本领，才能在离开父母的庇护后成为独立的个体，展翅高飞。

溺爱对孩子的成长极为不利，会造成孩子孤傲而脆弱的不良性格，造成贪图物质享受的不满足感，造成对人缺乏爱心、唯独只有自己的自私冷漠心理，造成对事情缺乏是非观念、单凭个人好恶行事的处世方式，造成对生活缺乏自强、自立、自信的思想意识。

李嘉诚在他的两个儿子李泽钜和李泽楷只有八九岁时，就让他们参加董事会，让孩子们列席旁听，就某些问题发表自己的见解。两人耳濡目染，慢慢领会了父亲以诚信取胜的生意经，分析解决问题的能力也得到提高，为他们此后在事业上的成功奠定了坚实的基础。当两人都以优异的成绩从美国斯坦福大学毕业后，他们向父亲表示想要在他的公司里任职，干一番事业。

不料，李嘉诚断然拒绝了他们的请求。他对兄弟俩说："我的公司不需要你们！江山要靠自己打拼得来，要以实践证明你们是否适合到我公司来任职。"于是，兄弟俩去了加拿大，一个搞房地产开发，一个搞投资银行。他们凭着从小养成的坚忍不拔的毅力，克服了难以想象的困难，把公司和银行办得有声有色，成为加拿大商界出类拔萃的人物。

自古以来就有"慈母败子"的说法。所谓"慈母"指的是一种过分的母爱，也就是溺爱。从字面上看，溺爱的"溺"字兼有过分和淹没的意思，过分地疼爱孩子等于淹没他们。古人云："虽曰爱之，其实害之；虽曰爱之，其实仇之。"这是对"溺爱"一词最好的注解。韩非子有句话:人之情性莫爱于父母，皆见爱而未必治也。这是说人与人之间的感情没有比得上父母爱子女之情的。但是只有爱，不见得就能教育出好孩子来。爱他，就要让他懂得生活的辛劳，即使他已经能够忠诚对事，也需要对其进行教诲。忧劳举国，逸豫亡身。根基不稳的植物在外界的压力下不易存活，而夹缝中的小树却能傲立风霜而不倒，成长中的孩子亦是如此。

大富之家，以和为贵

【原典】

子曰：礼之用，和为贵。先王之道，斯为美，小大由之。有所不行，知和而和，不以礼节之，亦不可不行也。

【古句新解】

孔子说："礼的施行，以和谐为贵。以前圣王的治理之道，好就好在这里，不管小事大事都遵循这一原则。尚有行不通的地方，只知一味地为求和谐而求和谐，不用礼仪来加以节制，那也是不行的。"

自我品评

"和"是调节家庭关系一种再好不过的催化剂，从古到今，多少家庭的破裂都是因为不和而引起的，很多单亲家庭的孩子便是家庭不和的牺牲品，他们失去父爱或母爱，长期生活在缺少亲情的家庭中，得不到亲情的滋润，这对于一个健康孩子的性格培养无疑是一种削弱。

据报道，现代社会的离婚率逐级升高，究其原因，无非纯粹是家庭生活上的一些芝麻小事惹的祸，新闻中的社会热点也有很多关于这方面的报道，各种电视连续剧关于这方面的内容也都演绎得十分逼真，正如最近在各电视台热播的《中国式离婚》，它收视率高的原因从社会角度方面看，正是折射出了现代社会"和"的缺失，它的积极作用是让观看过的观众珍惜现在眼前幸福的家庭生活。

《圣经》里说："爱是无尽的忍耐。"实际上，就是教导我们万事以和为贵，以和去爱别人、去忍受。"和"是一种风采，"和"是一种美丽，人与人之间的"和"是一种美。卡夫卡说："每个人所拥有的，不是一具躯壳，而是一串成长的过程。"这一串成长的过程需要人与人之间友善、和平的相处去获得。生命不仅是一段旅程，更是一首赞歌，需要以"和"去谱写，需要我们以"和"去传唱。心灵与心灵之间的友爱是一种美丽，可以折射出人性的光辉，这样一种美丽，就是"支持旁人，同时自己也获得重心和支点"。

有人将家庭比作避风的港湾，有人将家庭比作温暖的火炉，也有人将家庭比作温馨的摇篮。这些都说明了一个道理：人人都关注家庭，人人都渴望拥有一个和谐幸福的家庭。

古也罢，今也罢，大凡一个人生活的乐苦，心情的好坏，乃至事业的成败，都与家庭是否和谐紧密相关。幸福的家庭，对于每个人来说，都是得之不易的。

托尔斯泰说："幸福家庭皆相仿，不幸家庭各不同。"

假如你忙于工作，无暇顾及，每次总是妻子娇嗔地拿着洗净熨平的衣服催你脱旧换新；假如你在外面受了闲言中伤，回家后，丈夫倾心地劝慰你"别理它"；假如你去学校参加家长会，一进校门就看见光荣榜上你的孩子名列前茅……这时候你就会充分享受到幸福家庭的快乐，并感受到成功人生的快乐。

不同的冰雪融入相同的河流，是为和；不同的河流注入相同的海洋是为和；不同的海洋面朝同一片天空，是为和。和，是乍暖三春里的一声问候，亲切悦人；和，是严寒腊月的一盆炭火，温暖感人；和，是包纳百川的大海的宽容；和，是壁立千仞的高山的伟岸。以和为贵，因和而爱，由和而合，和是兴家之本，是旺国之基。因为历史的和鸣，才有今日的美好。

佛说："诸法无我，一切众生都是随缘而起的幻象。"这也是在告诫我们不要过分看重自我，要与他人和平相处。因为"和"是一种美丽，一种不同于寻常的美丽。创建一个幸福的家庭，你就创造了自己的成功人生。把握住"和"，把握美丽。

成由勤俭败由奢

【原典】

林放问礼之本。子曰：大哉问！礼，与其奢也，宁俭；丧，与其易也，宁戚。

【古句新解】

林放问什么是礼的根本。孔子说："这个问题意义重大！就一般礼仪而言，与其铺张排场，不如俭朴；就丧礼而言，与其形式上治办周备，不如内心真正哀伤。"

自我品评

子曰："奢则不孙，俭则固，与其不孙也，宁固。"孔子虽然十分重视礼仪，但却反对形式主义的排场，而强调内心和感情上符合礼仪要求。反对形式主义的排场，不能只停留在表面形式上，更重要的是要从内心和感情上体悟礼的根本，符合礼的要求。孔子提倡的礼仪，是发自内心肺腑的懂礼讲礼，要发扬的是勤俭节约的精神，反对的是铺张浪费的陋习。

宋人罗大经对俭的研究似乎更加细微、更加精到。他认为，俭的益处有四条：一是养德；二是养寿；三是养神；四是养气。宋人范纯仁也说过，唯俭可以助廉，唯恕可以成德。

在中国，素有"俭以养德"的古训和传统，所以在中国历史上，关于俭朴的实例就很多，汉初的汉文帝就非常俭朴和节省，在中国古代所有皇帝中都是很有名的。他在位 23 年，宫室、园林、狗马、服饰、车驾等等，什么都没有增加。但凡有对百姓不便的事情，就予以废止，以便利民众。文帝曾打算建造一座高台，召来工匠一计算，造价最上百斤黄金，于是文帝便放弃了。文帝平时穿的是质地粗厚的丝织衣服，一件袍子穿了一二十年还补好再穿。对所宠爱的慎夫人，也不准她穿长得拖地的衣服，所用的帏帐不准绣彩色花纹，以此来表示俭朴，为天下人做出榜样。文帝规定，建造他的陵墓霸陵，一律用瓦器，不准用金银铜锡等金属做装饰，不修高大的坟；要节省，不要烦扰百姓。文帝还下令撤除卫将军统辖的保卫自己的军队。现有马匹，只留下日常所需要的，其余的都交给驿站使用。

北宋高官及杰出的史学家司马光，一生著述颇丰，其名著《资治通鉴》是我国一部很有价值的历史著作。他的生活十分俭朴，工作作风稳重踏实，更把俭朴作为教子成才的主要内容。.

据有关史料记载，司马光在工作和生活中都十分注意教育孩子力戒奢侈，谨身节用。他在《答刘蒙书》中说自己"视地而后敢行，顿足而后敢立"。为了完成《资治通鉴》这部历史巨著，他不但找来范祖禹、刘恕、刘敛当助手，还要自己的儿子司马康参与这项工作。当他看到儿子读书用指甲抓书页时，非常生气，认真地传授了他爱护书籍的经验与方法：读书前，先要把书桌擦干净，垫上桌布；读书时，要坐得端端正正；翻书页时，要先用右手拇指的侧面把书页的边缘托起，再用食指轻轻盖住以揭开一页。他教诫儿子说：做生意的人要多积蓄一些本钱，读书人就应该好好爱护书籍。为了实现著书立说治国鉴戒的理想，他 15 年始终不懈，经常抱病工作。亲朋好友劝他"宜少节烦劳"，他回答说："先王曰，死生命也。"这种置生死于不顾的工作、生活作风，使儿子和同僚们深受启迪。

在生活方面，司马光节俭纯朴，"平生衣取蔽寒，食取充腹"，但却"不敢服垢弊以矫俗于名"。他常常教育儿子说，食丰而生奢，阔盛而生侈。为了使儿子认识崇尚俭朴的重要，他以家书的体裁写了一篇论俭约的文章。在文章中他强烈反对生活奢靡，极力提倡节俭朴实。

在文中他明确指出：其一，不满于奢靡陋习。他说，古人以俭约为美德，今人以俭约而遭讥笑，实在是要不得的。他又说，近几年来，讲排场，摆阔气，当差的走卒穿的衣服和士人差不多，下地的农夫也脚上穿着丝鞋。为了酬宾会友"常数月营聚"，大操大办。他非常痛恶这种奢靡陋习。为此，他慨叹道："居位者虽不能禁，忍助之乎！"其二，提倡节俭美德。司马光赞扬了宋真宗、仁宗时李沆、鲁宗道和张文节等官员的俭约作风，并援引张文节的话说："由俭入奢易，由奢入俭难。"他告诫儿子这句至理名言是"大贤之深谋远虑，岂庸人所及哉"。接着，又援引春秋时鲁国大夫御孙说的话："俭，德之兴也；侈，恶之大也。"他还对道德和俭约的关系作了辩证而详尽的解释。他说："言有德者皆由俭来也。夫俭则寡欲。君子寡欲则不役于物，可以直道而行；小人寡欲则能谨身节用，远罪丰家。"反之，"侈则多欲。君子多欲则贪慕富贵，枉道速祸；小人多欲则多求妄用，败家丧身。"其三，教子力戒奢侈以齐家。司马光为了教育儿子警惕奢侈的祸害，常常详细列举史事以为鉴戒。他曾对儿子说过：西晋时何曾"日食万钱，至孙以骄溢倾家"。石崇"以奢靡夸人，卒以此死东市"。近世寇准生活豪侈冠于一时，"子孙习其家风，今多穷困"。

司马光还不断告诫孩子说：读书要认真，工作要踏实，生活要俭朴，表面上看来皆不是经国大事，然而，实质上是兴家繁国之基业。正是这些道德品质，才能修身、齐家，乃至治国、平天下。司马光关于"由俭入奢易，由奢入俭难"的警句，已成为世人传诵的名言。在他的教育下，儿子司马康从小就懂得俭朴的重要性，并以俭朴自律。他历任校书郎、著作郎兼任侍讲，也以博古通今、为人廉洁和生活俭朴而称誉于后世。

俭是一种人生理念，它涉及人的幸福观和苦乐观。俭的本身需要约束，需要克制。所以，俭的过程可能是有痛苦的。但是，有了约束，有了克制，人就降低了奢望，抑制了贪欲，减少了烦恼，因而俭的结果往往又是幸福的、快乐的。

俭是一种行为规范，它是对浮华浪费行为的一种有效且有益的约束。李商隐在《咏史》一诗中说出了勤俭的好处和奢侈的恶果："历览前贤国与家，成由勤俭败由奢。"由此可见，提倡勤俭对于家庭幸福和国家安宁关系重大，因为家庭和国家都需要德的维系，而在各种道德修养中，俭是一种很重要的方法。节俭是一门艺术，它能使人最大限度地享用生活，热爱节俭是一切美德的根本。

即使再有钱，也不能挥霍无度。瑞士是世界首富之国，但瑞士人的节俭却是出了名的，有时显得近乎"抠门"。欧洲有一句谚语，大意是说瑞士人有两个钱袋，装钱少的钱袋是准备请客的。即使是为自己购物，他们那种认真、耐心、掏钱时的谨慎，也使人叹为观止。比如，选购一张价格低廉的普通画作，常常是戴上眼镜看，又摘了眼镜看，放远了看，又拿近了看，仔细端详，反复比较，就是这样的工夫花过，有时也还是终于搁下不买了。这似乎也为瑞士民族平和、娴雅的气度做了一个注释。

近些年来，随着经济的发展，人民生活水平提高了。相比以前只能满足"温饱"的生活，可以说是"旧貌换新颜"了。但日子仅仅是好过了几年，许多人就把当年的苦日子忘了，把中国悠久的传统美德——勤俭忘了。奢侈浪费、攀比斗富的情况比比皆是。这样做，完全违背了孔子所提倡的"礼，与其奢也，宁俭；丧，与其易也，宁戚"的思想。

真正靠劳动致富的人是很少挥金如土、奢侈淫逸的。李嘉诚曾是世人皆知的华人首富，而他至今仍住在 30 年前的老房子里；他虽然担任公司总裁，但对自己年薪的发放却有严格的限制。我国台湾塑胶大王王永庆，不仅自己克勤克俭，而且严格限制子女的零花钱，每项花费都要有详细的记录，花一块钱也得有所交代。因为他们"一粥一饭，常思来之不易；半丝半缕，恒念创业维艰。"1994 年 7 月，亚历山大·卢卡申科出任白俄罗斯首届总统，直到就职前一天，他还住在农村，他的夫人和小儿子一直生活在那个偏远的村子里，他们的家是一座极普通的两层砖楼，还是集体农庄分给的。勤劳的总统夫人说："我从不追求什么荣华富贵和显赫地位。"

"奢则不孙"，一旦陷入奢侈糜烂的泥坑，就会互相攀比，就像穿上有魔力的红舞鞋，身不由己，欲罢不能。

艰苦朴素，勤俭节约的核心是俭，"俭则寡欲，可以不役于物，直道而行，谨身节用，远罪丰家。"古今中外立大业、成伟名者，大多都是节俭朴素之人。诸葛亮隐于山中，居茅庐，穿布衣，粗茶淡饭，苦读勤思，养成高尚品德，造就雄才大略。他的名言"静以养身，俭以养德，非淡泊无以明志，非宁静无以至远"，不但是他本人的座右铭，还激励着后世的人们修身养性，完善人格。

"俭以养德"这条古训，是现代社会应该提倡的一种人生观念、一种生活态度、一种行为规范。节俭的结果往往又是幸福的、快乐的。古人论节俭告诉我们一个道理：节俭是大德而并非小节。节俭作为一种精神力量，本来如同大象，若是把它视作蚂蚁，显然是低估和小看了它的作用和能量。小到一个人、一个家庭，大到一个国家、一个民族，都离不开节俭，除非你不要生存、不想发展。因为自然界提供给人类的资源是有限的，不节俭就意味着人类提前用尽资源发展是建立在拥有足够的资源基础之上的，资源枯竭便意味着停滞不前。

第七章 有教无类

——孔子原来这样说教学

俗话说，师傅领进门，修行在个人。

孔子说："学，然后知不足。"好学固然重要，但还要注意方式方法。学与思，学与实践必须结合起来，而不能只读圣贤书，那样只会是一个书呆子，于人于己都没什么用处。那么，孔夫子用什么样的心态，又给我们介绍了哪些方法来指导我们学习呢？

学而不厌，诲人不倦

【原典】

子曰：默而知之，学而不厌，诲人不倦，何有于我哉？

【古句新解】

孔子说："把所学的知识默默地记在心里，勤奋学习而不满足，教导别人而不知道疲倦，这对我能有什么困难呢？"

自我品评

孔子通过几十年的学习、实践，完成了从"有我"到"无我"的过渡。人生不同阶段的体会，对我们是一种鼓励，也是一种启发。

"默而识之"，学问是要靠积累知识而得来，这里的"识"在古代文字中是与"志、记"通用的，所以，这句话的意思就是，做学问要宁静，不可心存外物，更不可力求表现，要默默地领会在心，这是最重要的。

司马光七岁的时候就开始跟老师学习《左氏春秋》。《左氏春秋》是一部记载春秋时期历史的编年体史书，言简意赅，大义微言，理解起来有相当的难度。为此，他手不释卷，刻苦研读，也因此常常口渴了忘记喝水，肚子饿了也没有感觉。这使得他的家人对他心疼不已，却又不忍责备他。

司马光学习入迷的程度真是达到了废寝忘食的程度。他用一截儿硬邦邦圆滚滚的木头来做枕头，取名叫做"警枕"。夜里睡觉，偶一翻身，圆木便会滚动，这时他就会从梦乡中惊醒，于是披衣起床，挑灯夜读。

七年之后，他开始懂得圣人之道，当司马光十五岁时，他"于书无所不通"，就连难懂的《左氏春秋》也不再晦涩难懂，并因此打下了良好的文学功底，写出的文章也有一股"文辞醇深，有西汉风"的味道。他没有辜负其父的殷切希望，开始崭露头角连缀诗文，名声大噪。

"学而不厌"，是指做学问永远不能厌倦、满足，这在文章上读起来很容易理解，但仔细体会一下，孔子的学问就在于此。知识是无限的，学习是一个日积月累的过程，也是一个需要静下心来默默坚持的过程，所以，要想做好学问，必须永不满足，终生学习。

古人常用"十年寒窗苦读"这句话来形容学习刻苦。殊不知，这只是考取功名前的阶段。很多人就是通过这种途径，一举成名，但过后就把"读书"这块敲门砖毫不留情地给丢弃了。然而真正的杰出贤者，不但在成功之后依然勤学不辍，自我勉励，甚至一生都在为不断提升自己的知识和能力而不懈努力着。

宋代有位大诗人，名王禹偁，他曾官至左司谏和制诰。王禹偁出身贫寒，从小立志苦读经史，"致君望尧舜，学业根孔姬，自为志得行，功业如皋夔。"这是孔子认为真正有道德、有修养的人，一定要有文字著作或名言留给后世。如尧舜等人，都既有德又有言。但是，有些有著作的人，文章写得好，理论上也说得很好，却不一定有很好的修养和道德。一个仁者必然有大勇，这个勇不是会打架的勇，而是勇于坚持自己的信念和仁道精神；而一个勇者，却不一定有仁，或许仅仅是一介武夫。

王禹偁以复兴诗道与文统而在北宋初的文坛上独树一帜，举子、官吏多游其门，"岁不下数百人，朝请之余，历览忘怠"。一时间，王禹偁成了文坛盟主。

王禹偁现存诗五百八十多首，其主要内容是关心民生疾苦，抒写理想与谪居的不平心境。他的散文创作以"传道明心"为意旨，以

"句之易道，义之易晓"为手段，反映现实生活，多涉规讽。而读书明道，反映现实，改善现实，正是古代读书人的一大志向。

学习知识是无止境的，一个人永远不可能穷尽所有的知识。知道自己能够掌握的知识有限，才能在不满足中去追求更多的知识。可惜，更多的人学到了点知识，取得了一些成就，就以为自己了不起了，自满了，停止了追求知识的脚步。

有人问古希腊哲学家亚里士多德，受过教育的人与没有受过教育的人的差别在哪里？亚里士多德回答说："这就如同活着的人和死去的人之间的差别。"亚里士多德认为，没有受到教育的人如同行尸走肉，毫无意义。这样的观点有些夸张了，但是，学习的确让我们学知识、懂礼仪、明事理。如果不学习，一个人可能就会变成井底之蛙，慢慢也就被社会所淘汰。所以，人不可以不学习，不学习的人生必将是空洞的人生。

自我的完善，不仅是为人处世的前提条件，更是充实自身生命的要求，因此，需要我们时时刻刻都勤奋努力。当然，即使这样，能够达到孔子所说的那种境界也是有一定困难的。但因此而放松懈怠，却更是一种自我放弃。

人的一生极其短暂，但生命的成长和精神境界的提升却是一个长期而漫长的过程。现在很多人都在追求一些华而不实的虚幻的东西，却忽视了作为人一生中最重要的根基。

明末清初的思想家李颙有几句话讲得极好，正是对当下社会的直接批评。他说，只有讲述学问，才能使人自立并通达事理；只有讲述学问，才能使社会转变风俗习惯；只有讲述学问，才能做到拨乱反正；只有讲述学问，才能改天换地。讲述学问是民众的命脉，宇宙的元气，不可一日停止不讲。人不可以一日不学习，学习是一辈子的事。

择其善者而从之

【原典】

子曰：三人行，必有我师焉。择其善者而从之，其不善者而改之。

【古句新解】

孔子说："三个人同行，其中一定有可以做我老师的。选择他们的优点加以学习，看到他们的缺点，自己就要学会改正。"

自我品评

"三人行，必有我师"这句话，表现出孔子自觉修养、虚心好学的精神。它包含了两个方面的意思：一方面，择其善者而从之，见人之善就学，是虚心好学的精神；另一方面，其不善者而改之，见人之不善就引以为戒，反省自己，是自觉修养的精神。这样一来，无论同行相处的人善或不善，都可以为师。学其长处，学习有益经验；避其短处，避免走弯路。

《三字经》中有这样一句话："昔仲尼，师项橐。""仲尼"大家都知道是孔子的别称，而"项橐"是燕国的一个普通少年。真正好学的人是不拘于专门固定的老师的，随处都可以找到自己的老师。

有一天，项橐见到孔子时说："听说孔先生很有学问，特来求教。"

孔子笑着说："请讲。"

项橐朝孔子拱拱手问："什么水没有鱼？什么火没有烟？什么树

没有叶？什么花没有枝？"

孔子听后说："你真是问得怪，江河湖海，什么水都有鱼；不管柴草灯烛，什么火都有烟；至于植物，没有叶不能成树；没有枝也难以开花。"

项橐一听咯咯直笑，晃着脑袋说："不对。井水没有鱼，萤火没有烟，枯树没有叶，雪花没有枝。"

孔子叹道："后生可畏啊！老夫愿拜你为师。"

孔子学无常师，好学不厌。谁有知识，谁那里有他所不知道的东西，他就拜谁为师。相传孔子曾问礼于老聃，学乐于苌弘，学琴于师襄。

三人行必有我师，从另一方面说，"择其善者而从之，其不善者而改之"，也就是"见贤思齐焉，见不贤而内自省也"。老师的优点固然值得我们学习，老师的缺点也可以成为我们的借鉴，关键是不要盲目崇拜。

夏朝时候，一个背叛的诸侯有扈氏率兵入侵，夏禹派他的儿子伯启抵抗，结果被打败了。他的部下很不服气，要求继续进攻，但伯启说："不必了，我的兵比他多，领地也比他大，却被他打败了，这一定是我的德行不如他，带兵方法不如他的缘故。从今天起，我一定要努力改正过来才是。"从此以后，伯启每天很早便起床工作，粗茶淡饭，照顾百姓，任用有才干的人，尊敬有品德的人。过了一年，有扈氏知道了，不但不敢再来侵犯，反而自动投降了。

不自负、不自满、不武断、不固执，看到他人的长处，虚心学习，注意倾听别人的意见，乐于接受别人的帮助，虚心地检讨反省自己，马上改正有缺失的地方，这是一个人能够成才、成功的重要条件。

当然，说是这么说。事实上，老师在我们的眼中多少有些理想化的色彩，有的还环绕着神圣的光环，使我们难以分辨哪些是他们的优点，哪些是他们的缺点。所以也就只好近朱者赤，近墨者黑了。

在我们人生的不同阶段有不同的老师，第一任老师是养育我们的父母，因为父母的一言一行对我们的影响最深。从幼儿园到大学，这些老师都是专职的。但实际上，生活中还有很多对我们有影响与有帮助的人。有的人可能只是一面之缘，有的人可能相伴一程，有的人可能从未相识，但这些人却使我们受益良多。

孔子说的"三人行，必有我师焉"。不仅仅是说每一个人的身上都有值得我们学习的优点，我们要有一颗谦虚的心向身边的每一个人学习。同时还告诉我们要有一颗感恩的心，感谢每一个用各种形式帮助我们的人，甚至给我们带来苦难的人，因为是他们磨练了我们的意志。有一个人脾气暴躁，于是就求上帝说："请把我变成一个温柔的人。"于是上帝就派了一个凶恶的人来。面对这个凶恶的人，脾气暴躁的人总是小心的说话，再也不敢发脾气了。因为那个人太凶了。但是他百思不得其解，就去问上帝说："我求您把我变成一个温柔的人，你为什么派一个凶恶的人来呢？"上帝说："只有凶恶的人才能教会你温柔，你身边的人对你太温柔了，你如此的暴躁他们都能原谅你。"那个人一听，顿时恍然大悟。

感谢身边的每一个人，感谢生活，感谢每一个爱你和不喜欢你的人，爱我们的人带给我们温情，不喜欢我们的人令我们不断完善自己。

唐代文学家、哲学家韩愈说过如何向人学习的道理：出生在我之前，他懂得的道理，本来比我早，我当然要跟着他学；出生在我之后，如果他懂得的道理，也比我早，我也应该跟着他学。我是学道理啊，何必将他的年纪来与我比大小呢？因此，无论高贵还是卑贱，无论年长还是年少的，道理在哪里，老师就在哪里。

一般来讲，在现实生活中，只要仔细观察身旁的人，你就会发现，无论多么出色的人都会有这样那样的缺点，而看上去再乏味的人也必定会有一些长处。其实，我们的上司、同事、下属、客户、市场竞争对手都可以成为我们学习的对象。学习知识光明正大，没有什么可害臊、不好意思的。相反，那些不懂装懂、滥竽充数以及从不向他人求教而沾沾自喜的人，才是真正应该无地汗颜，内心惭愧的人。

孔子曾经说过："见贤思齐焉，见不贤而内自省也。""吾日三省吾身。"这就是说：看到别人的优点，就要设法使自己也具有同样的优点；看到别人的缺点，就要反省自己，看自己是否也存在类似的缺点。这些都和"其不善者而改之"是同样的道理。

与人相处，发现别人的长处而能从内心真正发出思齐、学习的意念，是很难做到的。真正的有识之士常把自己比作"沧海一粟"。当有人在牛顿面前赞誉他比前辈们更有远见时，牛顿却非常谦虚地回答："那是因为我站在巨人的肩膀上。"大海之所以烟波连天、浩瀚壮阔，就在于广纳百川之细流，不拒山泉之涓滴。

看到别人的问题，总比看到自己的问题容易，把过错怪罪在别人身上也比检讨自己容易。如果一味地用抱怨他人来代替反省，那就是对自己进步的最大耽误。能够反躬自省的人，一定不是庸俗的人。一个人之所以能够不断地进步，就在于他能够经常反省自己的不足，能够找到自己的缺点或者做得不好的地方，然后不断改正，自觉地加以克服，从反省中获取前进的力量，以追求完美的态度去做事，从而取得一个又一个的成功。

举一反三，学以致用

【原典】

子曰：诵《诗》三百，授之以政，不达；使于四方，不能专对；虽多，亦奚以为？

【古句新解】

孔子说："熟读《诗经》三百篇，交给他政事，却不能处理得好；叫他出使外国，又不能独立应对；虽然书读得多，又有什么用处呢？"

自我品评

宋代大诗人陆游曾说："纸上得来终觉浅，绝知此事要躬行。"一个人如果墨守成规地死读书，读死书，不躬身实践，不善于变通，在实际生活中是不可能成为大材的。实践出真知，只有躬身于实践，将书本知识融入实践之中，在实践中不断地总结经验，进一步完善书本知识，自己才能提高。

孔子从来都是要求学习为应用而反对读死书的，正如他在《论语·学而》篇里强调的那样："行有余力，则以学文。""学"的目的是为了"行"。如果不能"行"，书读得再多也是没有用的。相反，只要能够言谈举止得体，行为方式得当，那就如子夏所说的"虽曰未学，吾必谓之学矣"。说到底，还是求实务本，学以致用。

孔子所说的"道"有两个方面含义：一是道德、道理，即一个人的行为规范；二是方式、方法，亦即事物的道理。孔子把学习、掌握、实行"道"的程度区分为四种：一是共同学习的人群中，有的人并未懂得某些道理；二是部分人能够理解所学内容的道理，并掌握其方法；三是部分人能应用所学的方法，并坚持某种道义；四是部分人能随机应变，适应形势发展的需要。正所谓同样受教，得"道"各异。

学而不懂，等于没学，白白浪费了宝贵时间。这种人或因智力不足，或不肯用功，或基础知识太差，或思想不专一。经过分析，找准存在的问题，即阻碍学习的原因，而后有针对性地加以改进，或改变学习方法，或发扬"笨鸟先飞"的精神，或扫除学习的思想障碍，或发挥集体的力量帮助解决、克服影响学习的困难问题，终会学有所获，学有所成。

能够学好理论并掌握其方法的人，关键在于应用。不能运用所学知识解决实际问题，那也等于白学。此种人需积极参加社会实践，向一切有实践经验的人学习，虚心地拜他们为老师，尽快地把理论知识转化为实际运用，方能成为理论与实践相结合的"行家里手"。学习能汲取先进的理念、知识和技能，能够使用知识，又能够坚持既定的道德标准，规范自己行为的人，可以成为某项事业的核心力量。这种人具有娴熟的技能，又朝着自己认定的目标，执著于事业上的追求，其前途必然光明，甚至可以改变一个人和一个国家的命运。

我们都知道李嘉诚曾是华人首富，曾被誉为"塑胶花大王"。那么你知道他是怎样成为塑胶花大王的吗？是跑到意大利偷学来的。李嘉诚早年就酷爱学习。每天白天工作之后，晚上还要买些旧书来自学，学完的旧书再拿到旧书店去卖，再用卖掉"旧"的旧书的钱买"新"的旧书。这样既学到了知识，又节省了很多钱。他起初生产塑料制品时，由于技术落后等原因造成产品严重滞销，使工厂陷入危机。

一日深夜，李嘉诚翻阅英文版《塑胶》杂志，目光被一则简短的消息吸引住：意大利一家公司，已开发出利用塑胶原料制成的塑胶花，即将投入成批生产推向欧美市场。一直苦苦寻找突破口的李嘉诚，如迷途的夜行人看到亮光，兴奋不已。1957年春天，李嘉诚揣着希冀和强烈的求知欲，登上飞往意大利的班机去考察。经过努力他走进这家塑胶厂的车间做了打杂的工人。

假日，李嘉诚邀请数位新结识的朋友，到城里的中国餐馆吃饭，这些朋友都是某一工序的技术工人。李嘉诚用英语向他们请教有关技术，佯称他打算到其他的厂应聘做技术工人。李嘉诚通过眼观耳听，大致悟出塑胶花制作配色的技术要领。

平心而论，站在今日的角度，李嘉诚的行为有悖商业道德。但在专利法还不太健全的上世纪 50 年代，李嘉诚迫于无奈的举动，也是可以理解的。

李嘉诚满载而归，随机到达的，还有几大箱塑胶花样品和资料。临回港前，塑胶花已推向市场，李嘉诚跑了好些家花店，了解销售情况。他发现绣球花最畅销，立即买下好些绣球花作样品。回到长江塑胶厂，李嘉诚不动声色，只是把几个部门的负责人和技术骨干召集到他的办公室，把带来的样品展示给大家看。设计师根据他提供的数据做出不同色泽款式的"蜡样"，李嘉诚带着蜡花走访不同消费层次的家庭，最后确定一批蜡花作为开发产品。此时，技术人员经过反复试验，已把配方调色研定到最佳水准。又经历了连续一个多月的不眠之夜，终于研制成第一批样品。

李嘉诚携带自产的塑胶花样品，一一走访经销商。他们被这些小巧玲珑、惟妙惟肖的塑胶花，搞得瞠目结舌、眼花缭乱。其中有的经销商是老客户，他们简直不敢相信，就凭长江厂破旧不堪的厂房，老掉牙的设备，能生产出这么美丽的塑胶花？

"这是你们生产的吗？"一位客户狐疑地问道，论质量，可以说与意产的不相上下。再一问价格，李嘉诚的报价，又一次使他们目瞪口呆，物美价廉，没有理由不畅销。大部分经销商，都非常爽快地按李嘉诚的报价签订供销合同。有的为了买断权益，主动提出预付 50% 订金。

李嘉诚掀起了香港消费新潮，塑胶花从塑胶制品家族脱颖而出，一枝独秀，他的长江塑胶厂蜚声香港业界。

今天，我们在形势逼人、形势喜人的内外情势下，不仅需要熟读"圣贤书"、能吟诗作赋，更需要拥有经邦治国的才干。因为精通的最终目的，还是在于运用。

世界上有两本书：一本是现实的无字书，一本是订成本本的有字书。人都是从读有字书开始的。随着年龄的增长，慢慢地去领悟无字书。学习了无字书，人就会变得能够独立地去生活、去创造了。有字书读多了，对现实的无字书就会有更好的理解。

我们这里所说的有字书和无字书，就是孔子所提倡的"夫子之文章，可得而闻也；夫子之言性与天道，不可得而闻也"。有的家长只抓孩子的考试成绩，忽略孩子的社会实践，造就了高分低能的孩子。因为缺乏实践，书本上的知识在现实生活中根本用不上，就会觉得无所适从。这造成了很多人一生的痛苦。万事万物都处在发展变化之中，更多的时候没有成法可守，如果生搬硬套书本知识，难免会闹出笑话，甚至误国伤身。

刘羽冲，沧州人，他性情孤僻、迂腐，喜欢讲求古代的典章制度，强调按典章制度办事。他虽然勤奋，但崇尚古书上的学问，而且做起来一丝不苟。有一天，刘羽冲又得到一部古代兴修水利的书，他又是如获至宝，闭门静修，在家伏案研读了一年。一年后，刘羽冲觉得自己已经熟练地掌握了书里的东西，对水利建设已经了如指掌了，便又对乡人说："我已经把这部水利书背得滚瓜烂熟了，按书上说的做，就一定能把千里荒土改造成肥沃的良田。"

于是，他勾画了水利图纸，列上了各种兴修措施，把图纸呈给了州长官。州长官也是个喜欢多事的人，轻信了他的话，便叫他在一个村子里做试验。刘羽冲指挥乡民大兴土木，挖渠引水。可是天有不测风云，田间的水渠刚刚修完，就下起了大雨，发起了大水。洪水顺着沟渠灌入村子，村子里的人险些被淹死。

村民对刘羽冲愤恨不已，纷纷指责他。从此，刘羽冲抑郁不得志，常独自在庭院台阶上走来走去，摇头自语道："古人难道会骗我吗？"就这样，他每天念叨千百次，都只是这一句话。不久，便发病死了。

这个故事告诉我们，书本上的理论固然重要，但实践经验也很重要，因为它不但是产生理论知识的源泉，而且有些精深的技艺是难以从书本上得到的。当然，忽视书本知识，排斥间接经验，盲目地将书本知识一概视为糟粕的观点，也是不可取的。

你是否有过这样的感悟：当我们向既定的目标奋进时，内心是多么渴望前面有盏航标灯引领我们的航船，有志同道合之士指明方向，有亲切的话语拂去人生征途的劳顿。自然也好，人性也罢，都是极富神秘性的东西。有的东西可以通过读书学习来掌握，但有的东西通过典籍学习是不能够领悟到的，只能听从名师的指点，只能凭自己的实践和悟性慢慢领悟。这就是学习，只有这样的学习，我们才能不断进步。

勤于学习，善于思考

【原典】

子曰：学而不思则罔，思而不学则殆。

【古句新解】

孔子说："只读书不思考就会迷茫无所知；只空想而不读书学习，就会疑惑而有危险。"

自我品评

谚语说："读书不知义，等于嚼树皮。读书不想，隔靴搔痒。"一个人只知道读书，从来不动脑子，不思考问题，也不发问，就会成为书呆子。

一个人从接受知识到运用知识的过程，实际上就是一个记与识、学与思的过程。学是思的基础，思是学的深化，这正如人摄取食物一样，只学不思，那是不加咀嚼，囫囵吞枣，食而不化，难以吸收，所学知识无法为"己有"。只有学而思之，才能将所学知识融会贯通，举一反三。

唐代的一行和尚是一位非常著名的天文学家。"千里之行，始于足下"。一行和尚在天文学上能够取得卓越的成就，与他从小勤学习、勤思考是分不开的。一行和尚年幼时就读了很多古代书籍，他对天文和数学的兴趣最大，而且善于思考，遇上一些天文、历法及算术中的疑难问题，总是要寻根问底，弄个明白。

久而久之，一行和尚不但打下了扎实的科学知识的根底，而且培养起了惊人的理解力。有一次，他向当时藏书丰富的著名学者尹崇借了一本西汉大学者扬雄的哲学著作《太玄经》来读。这本著作涉及很多方面的科学知识，深奥难懂，尹崇读了很多年，读了不知多少遍，都没有完全读懂。但是没有几天，一行和尚就把它读完了，把其中的道理也搞清楚了，而且把自己思考所得写成了一篇题为《义决》的读书笔记，绘制了一张《太衍玄图》，向尹崇请教。尹崇不禁为他的惊人理解力、读书和思考密切结合的良好学习习惯而惊叹："真是后生可畏啊！"因此，一行和尚年纪轻轻，就已名闻长安城。

学是思的基础，思是学的深化。我们要思考，但不是神思漫想，而要切合实际。因此我们需要正确地认识自己，既富于理想，又必须脚踏实地去奋斗。我们活着，终日都为寻找打开这些锁的钥匙而奔波忙碌。于是，我们需要学与思的毅力、学与思的洗礼、学与思的考验，只有这样我们的人生才有意义。

曾经有一次，子贡问孔子："老师，人穷了，没有好运了，还是不谄媚，不拍马屁，不低头；发财了，得意了，还能够对人不骄傲，何如？"事实上，子贡这个时候，似乎认为自己学问修养做到这个地步已经很不错了，也颇有心得了，心想一定可以得到老师的赞赏。然而孔子却只说"可也"而已。紧接着下面还有一个"但是"，但是什么？"未若贫而乐，富而好礼者也。"你做到穷了、失意了不向人低头、不阿谀奉承、不拍马屁，认为自己就是那么伟大，从而看不起人，其实修养还远远不够；或者你觉得某人好，自己不如他，这样还是有一种与人比较的心理、敌视的心理，修养也还是不够的。同样的道理，你做到了富而不骄，也不能说修养就够了，因为你觉得自己有钱有势，非得以这种态度待人不可，实际上仍旧有一定的优越感。你若要做到真正的平凡，不管在任何位置上、任何环境中，都是那么平实、那么平凡，这才是真正的平凡。所以孔子告诉子贡，像你所说的那样，充其量只是及格而已，还应该进一步努力做到"贫而乐，富而好礼"。

孔子讲到这里，子贡明白了，不仅服了，而且还在孔子的讲解过程中他又展开联想，提出了更深一层的心得："诗云：'如切如磋，如琢如磨'，其斯之谓与？"子贡引用这句古代的诗，借助加工玉石的细腻、艰辛过程来比喻接受教育的过程。

一个人自生下来就要接受教育，要慢慢从人生的体会中悟出经验来。学问每进一步，功夫就细腻一步，越到后面，学问就越难。所以"'如切如磋，如琢如磨'，其斯之谓与？"这句话大有恭维孔子的意思，好像说："做学问还要像切磋琢磨玉一样，我明白了。"于是孔子答复他："赐也，始可与言诗已矣！告诸往而知来者。"赐是子贡的名字。孔子的意思是说懂得这个道理，现在就可以开始读书了，可以开始读诗了，我也可以与你一起讨论问题了。因为我刚刚提示了你一个学习的道理，你自己就能够从中推演出别的道理来。

关于"学"与"思"的关系，一般情况下人们在理论上都能认识到必须并重，可是在实际中，很多人往往会偏废一方面。由此可见，这不仅是态度问题，更是方法问题。"学"是求乎外，在于知物；"思"是求乎内，是要明白事理。这种外学和内省，在人的成长过程中应是相辅相成的事情，而且是同等重要的。学习如同人的走路，必须用两条腿。这位至圣先师明白，只有掌握了这种学习和做事方法的弟子，才有可能是前途宽广、大有作为的人。否则，只会一条腿走路，必将行之不远。

明代人陈鎏说："读书须知出入法：始当求所以入，终当求所以出。见得亲切，此是入书法；用得透脱，此是出书法。"学是入书，思是出书。出入有道，学业可成。

爱因斯坦在总结自己的成功经验时说，学习知识要善于思考、思考、再思考。他创立狭义相对论，据说就经过了10年的沉思。

学与思，对陶冶人的情操，提高自身素质有着重要意义。在这个互动的过程中你会发觉：没有知识的人常常议论别人无知，有知识的人时时发现自己无知。学习，为求进取；思考，才有发展。面对宏观与微观世界的扩展，知识和信息的爆炸，我们脑袋这架"计算机"就必须有一个很好的处理问题和信息的最优程序，不然就无法适应飞速发展的时代，无法更好地在社会中生存和发展。

著名美学家朱光潜曾说："我们要把学到的东西拿出来贩卖。"就是说不仅要学，还要思考，有自己的收获。只是学习，没有思考，没有消化、整理、提高，只能是杂乱无章的知识的堆积，不可能形成实际的效力。书是前人经验的总结，读书是汲取前人经验的过程，但绝对不能囫囵吞枣，生吞活剥，亦不能置之不理。会读书也要会思考，才能够真正做到既要进得去，也要出得来。

朝闻道，夕死可矣

【原典】

子曰：朝闻道，夕死可矣。

【古句新解】

孔子说："早晨得知了道，就是当天晚上死去也心甘。"

自我品评

孔子说："再给我几年时间，到五十岁学习《易》，我便可以没有大的过错了。"

在年近五旬的时候，孔子为自己制定了一个学习计划，希望能够在五十岁的时候学习《易》，进一步完善自己的人生。

孔子以自己的实际行动告诉我们，虽然年纪大了，仍必须保持积极的人生态度，发挥余热。

"朝闻道，夕死可矣"，是孔子勉励人们追求真理的名言。孔子所说的"道"指事情当然之理，就是真理。这句话的意思是说，早晨明白了道理，哪怕晚上就死去，也是没有什么遗憾的。这句话强烈地表达了孔子渴望认识真理的心情。他愿意以生命交换对真理的透彻认识，由此可见，他追求真理的迫切心情与追求真理而不得时的困惑与苦恼。同样，这句话也是在教导人们，不要认为自己地位低，学什么都没用；也不要认为自己年岁大了，再学也没用了，千万不能有这种想法，学无止境，探索真理更是一个漫长的过程。

晋平公作为一位国君，政绩不凡，学问也不错。70 岁的时候，他依然希望多读点书，多长点知识，总觉得自己所掌握的知识还不够。可是 70 岁的人再去学习，是有很多困难的，因此，晋平公对自己的想法犹豫不决，拿不定主意。徘徊之际，他决定去询问一位贤明的臣子——师旷。

师旷回答说："我听说，人在少年时代好学，就如同获得了早晨温暖的阳光一样，那太阳越照越亮，时间也久长；人在壮年的时候好学，就好比获得了中午明亮的阳光一样，虽然中午的太阳已走了一半了，可它的力量还很强，时间也还有许多；而人到老年的时候好学，虽然好像到了日暮时分，没有了充足的阳光，可他还可以借助蜡烛啊。蜡烛的光亮虽然不足够明亮，也很有限，但也总比在黑暗中摸索要好了很多吧？"

晋平公听后恍然大悟，高兴地说："你说得太好了，的确如此！我知道该怎样做了。"

古人对仁德、知识的执著追求，给后人留下了极好的榜样，也表达了历来追求真理的人们的共同感受。

追求真理的内容是非常丰富的，实事求是的精神、各种科学知识、学术自由、人格自由等等，都应该属于真理的范围。如果我们对杰出的成功人士做一个调研，就会发现，他们中大多数都具有持之以恒的耐性和韧性。而他们也正是靠这个，才使自己一步步走向成功。

日本著名汉字学家白川静 92 岁时出版个人作品集。白川静致力于中国文学研究，达到了痴迷程度，他的白川静研究室总是灯火通明到每晚的 11 点。白川静曾说过："学者 80 岁后才能成为真正的学者。"白川静从 73 岁到 80 岁编著出版了《字统》《字训》《字通》三部辞书。92 岁时《白川静作品集》副卷才开始发行。

田中久重 76 岁创建田中制作所（后来的东芝公司）。在江户时代已达到登峰造极的提线木偶技术支撑起了近代日本的制造业。田中久重是通晓其制作原理的技术人才，在幼年时所制作的提线木偶曾令大人们都惊讶不已。不久又制作了万年表和蒸汽机车模型。75 岁赴东京，在银座创立了田中制作所 (东芝的前身)。

人过四十再创业，不如年轻人精力旺盛。但可以用自己的勤奋和经验来弥补自己的不足，同样可以取得好的效果。法国著名的生物学家巴斯德说："告诉你使我达到目标的奥秘吧，我唯一的力量就是我的坚持精神。"居里夫人说："人要有毅力，否则将一事无成。"其实，那些与成功无缘的人，他们并不是缺乏追求的目标，而是经常在遇到困难的时候便放弃目标，没有持之以恒的精神。因此你一旦下定了决心要追求一个有价值的目标，就应该全力以赴，勇敢地坚持下去，达成目标之前，决不放弃。这样的道理虽然谁都懂，可实际做起来并不是一件容易的事情。

毛泽东说过："一个人做点好事并不难，难的是一辈子做好事，不做坏事。"用孔子的话来说，实际上就是"三月不违仁"，而不是"日月至焉"。

不要对自己太没有信心，客观条件并不能完全地将你限制。只要我们拥有强大的坚韧和耐心，坚定一种必胜的信念，勇敢地与困难拼搏，就一定会有所成就。做事一定要有不达目的不罢休的心态，只有这样，才能克服困难，走向成功。

克里夫·扬是澳大利亚一个普普通通的靠种植马铃薯为生的农夫，他 57 岁时，有了一个梦想：他要参加马拉松比赛。为此，他开始每天训练，即使是刮风下雨也坚持跑步。别人嘲笑他岁数太大，动作不规范，装备太落伍，但是他每天坚持跑步 20 至 30 英里，寒暑不辍。

1983 年 5 月，经过了 4 年的持续训练之后，克里夫·扬震惊了世界。这一年，他 61 岁，获得了悉尼至墨尔本的超级马拉松赛冠军。一年一度的悉尼至墨尔本超级马拉松赛，全程 875 公里，被认为是世界上赛程最长、最严酷的耐力长跑。而这个 61 岁的人，不但跑完了全程，而且击败了来自世界各地的年龄大多数不到 30 岁的世界顶级长跑选手，就更是一个奇迹了！

克里夫·扬在 62 岁和 65 岁的时候，又两次参加了悉尼至墨尔本超级马拉松比赛。他在比赛中创造的这种少睡多跑的策略已经被许多运动员在超级马拉松赛中广为运用。克里夫·扬的事例告诉世人，不管你遭遇了什么样的挫折，不管你是否年老体衰或疾病缠身，只要精神在心不老，一切皆有可能！

成功难在何处，不是方法，不是目标，难就难在"恒心"二字，换句话说就是"贵在坚持"。举凡做事、学艺、锻炼身体，世上事几乎无不适用这一规律。而孔子更将它当成了"进德修业"的关键所在——仁心的修养。

孔子自己说，"五十而知天命"，可见他把学《易》和"知天命"联系在一起。他主张认真研究《易》，是为了使自己的言行符合于"天命"。《史记·孔子世家》中说，孔子"读《易》，韦编三绝"。他非常喜欢读《周易》，曾把穿竹简的皮条翻断了很多次。孔子这种活到老、学到老的刻苦钻研精神，是后人学习的楷模。

俄国作家契诃夫曾经说过："人生的幸福不在金钱，不在爱情，而在于真理。"追求真理的路是漫长的，真理也往往在那无限风光的险峰之处。古今中外，不知有多少人为了追求真理奋斗了一生。在今天这个时代，物质利益的诱惑比过去更大了，但依然有那么多人走在追求真理的路上，他们甚至贫穷、孤独或不被理解，但历史最终会证明他们的价值。"朝闻道，夕死可矣"，这就是追求真理的精神。

温故而知新

【原典】

子曰：温故而知新，可以为师矣。

【古句新解】

孔子说："在温习旧知识时，能有新的体会、新发现，就可以当老师了。"

自我品评

这不仅是《论语》的开篇之语，而且也是孔子思想的总纲。孔子不但在理性上一直重视学习，还认为学习是人内心快乐的源泉。同时，这种基于学习之上的感悟，更是一种属于智者的欢悦。人生在世，能够每天都对世界有新的认识、新的发现，并且有所体悟、有所感动，这才能真正算得上是一种高层次的活法与享受。

"温故而知新"是一种反复研读、多方琢磨的过程，也就是所谓的"读书百遍，其义自见"，好的书都经得起咀嚼，每咀嚼一回，就又悟出些真意，见解愈深，学问愈进，愈能读出味道来。有位评论家曾说："少年时读塞万提斯的《堂吉诃德》会发笑，中年时读了会思考，老年时读了却想哭。"

"天下兴亡，匹夫有责。"这句家喻户晓的名言，是由明末清初的爱国主义思想家、著名学者顾炎武最先提出的。

顾炎武自幼勤学。他6岁启蒙，10岁开始读史书、文学名著。11

岁那年，他的祖父蠡源公要求他读完《资治通鉴》并告诫说："现在有的人图省事，只浏览一下《纲目》之类的书便以为万事皆了了，我认为这是不足取的。"这番话使顾炎武领悟到，读书做学问是件老老实实的事，必须认真诚实地对待它。顾炎武勤奋治学，他采取了"自督读书"的措施：首先，他给自己规定每天必须读完的卷数；其次，他限定自己每天读完后把所读的书抄写一遍。他读完《资治通鉴》后，一部书就变成了两部书；再次，要求自己每读一本书都要做笔记，写下心得体会。他的一部分读书笔记，后来汇编成了著名的《日知录》一书；最后，他在每年春秋两季，都要温习前半年读过的书籍，边默诵，边请人朗读，发现差异，立刻查对。他规定每天这样温课200页，温习不完，决不休息。

摆脱了功利的实用主义，把读书看成修身养性之必需，这样才能读出味道，不至于浮躁，进而静心，持之以恒。心静、明理，必然会达到学习上的深思和透彻。

清朝康熙帝，在幼年的时候读书就非常刻苦，每日读书的时间竟长达十来个小时。及至青年时，经史子集便成竹在胸。最难能可贵的是，他成年以后，在治理国家的实践中，认识到了自然科学的重要，于是便发奋地学习起自然科学来。根据史书《正欹奉褒》记载：他亲自召见懂得自然科学的外国传教士徐日升、张诚、白晋、安多等人，轮流请他们到内廷养心殿讲学。讲学内容涉及量法、测算、天文、历法、物理诸学。即便外出巡视，也邀请张诚等人随行，于公事之余至寓外进行讲学。康熙帝不仅虚怀若谷，认真学习，甚至有时还亲自演算，一丝不苟。洋人张诚在给自己国家的报告中也说："每朝四时至内廷侍上，直至日没时也不准归寓。每日午前二时及午后二时，在帝侧讲欧几里德几何学或物理学天文学，以及炮术的实地演习的说明上，甚至有时忘记用膳……"

康熙帝不仅虚心地向外国传教士学习，而且礼贤下士，向许多国内学识渊博的人请教。当时显赫一时的数学家陈厚耀，天文学家、数学家梅文鼎，他都多次召见，一起研讨各种学问；他不耻下问，向梅文鼎请教许多关于数学、天文学的难题，认真揣摩，直至达到消化理解、融会贯通为止。

坚持不懈的学习生活，使康熙帝的学问日益广博高深，特别是在自然科学方面更有深一层的造诣。他时常命人在宫中设立讲堂，亲自为王子皇孙们讲授几何学。每遇王子皇孙玩忽学业怠慢课程，他都会严惩不贷。他还批阅了有关梅文鼎的许多著作，并提出不少行之有效的意见，这不得不使梅文鼎都惊讶他的学问渊博。康熙还接受数学家陈厚耀的建议，自己编纂了一本集那个时代之大成的数学百科全书《数理精蕴》，拟完草稿后，他亲自审阅，有时过了子夜还没有休息。康熙帝这种刻苦自励的学习生活和所达到的知识水平，直接造就了康熙盛世。

孔子提倡的学习，不只限于书本学习，更重要的是学习如何做人、做事。因此，孔子在教学中多次强调实践。把所学的东西经过反复实践，并且真正掌握了，这样才能体会到真正的喜悦。这是一个人在成长道路上的喜悦。好学者的心胸是敞开的，他愿意与更多的同道之人互相切磋，精益求精。从另一方面说，如果"无朋自远方来"，甚至近处的人都不了解自己，这并不能影响一位有修养的人的性情。因为在君子的眼里，学习主要在自己，知不知在别人，自己的学习与别人的知与不知没有什么关系。这是一种已消解了名利的学习和真正做人的自在状态。

好的书是需要反复读的，英国桂冠诗人丹尼生每天研究《圣经》；大文豪托尔斯泰把《新约福音》读了又读，最后可以长篇背诵下来；马克·吐温旅行时必带一本厚厚的《韦氏大辞典》；白朗宁每天翻阅辞典，从辞典里面获得乐趣和启示……

现在很多人读书本意所持的态度只是为了消遣，或者是为了装饰自己、凑热闹，以此显示自己的修养，这样的读书人就离开了读书的实质。说现代人浮躁，也是有依据的，在读书上看得最清，不能静静地坐下。

宋代大儒朱熹曾经用"涵泳"来论读书。何为"涵"，涵就好比绵绵春雨滋润花草，清清的渠水灌溉禾苗。春雨滋润花草，雨量太小很难使花草透湿，而太大就容易使花草倒伏，恰到好处则会使花草浸湿而又滋润。渠水浇灌禾苗，水量太小会使禾苗干枯，太多则会使禾苗淹没，恰如其分就会使禾苗滋润而苗壮。何为"泳"，泳就好比鱼儿在水里游动，人在水里洗脚。程颐说鱼儿在潭水里自由地跳跃，显得生机活泼；庄子说站在桥上看鱼儿在河里游动，人们又从哪里知道它们不快乐呢？这是鱼儿在水中得到愉悦。善于读书的人、会读书的人把书籍看成水，将自己的心智当做花草、当做禾苗、当做泳水的鱼、当做洗涤的脚，只有这样，才能在享受读书的同时，在潜移默化中提升自己的学问水平和做人层次。

历史没有完全的翻版，经验更不能百试百灵。第二次世界大战期间，英国首相丘吉尔曾经说："战争中的第一次战斗都是独特的，需要对实际情况作深刻的分析。最容易通向惨败之路的莫过于模仿以往英雄们的计划，把它用于新的情况中。"在战争史上，由于照搬前人经验而丧师败绩的事例不胜枚举。比如，唐朝房琯效法古制，用车战制敌，被安史叛军杀得一败涂地；20 世纪 30 年代，法军统帅完全搬用第一次世界大战的经验，在法西斯德国的闪击下，一触即溃。

"温故而知新"也是从过去看将来，以过去的时间领域所积累的经验为参照系，因地制宜、因人制宜地制定未来的工作计划，但是过去的经验不应该成为消极的"定势"，成为限制创新的包袱和累赘，囿于经验的成见，变得胆小、世故、迟钝起来，错失很多人生机遇，这种情形在现实生活中并不少见。"温故"不是一味重复，而是要"知新"，只有这样，才"可以为师矣"。所以，"温故而知新"贵在"新"。

第八章 身正重行

——孔子原来这样说事业

当今社会流行一句话，小老板做事，大老板做人。很多人都想有自己的一番事业，但真正创业又＿谈何容易？其实，很多生意经上都强调了人际关系的重要性，也就是做人、为人的品质道德。这些是人的软实力，你有良好的信誉与人品，事业上自然有贵人相助。所以，当你决定要干一番事业的时候，不光要有知识，还要做好人，注重自身修养的提高。

和而不同，和而不流

【原典】

子曰：君子和而不同，小人同而不和。

【古句新解】

孔子说："君子讲求和谐而不同流合污，小人只求完全一致，而不讲求和谐。"

自我品评

朱熹在《论语集注》中说："君子小人所为不同，如阴阳昼夜，每每相反。然究其所以分，则在公私之际，毫厘之差耳。"君子出于公心，小人囿于私利。出于公心所以能胸怀宽广，纳百川而归于海，搞团结而不搞拉帮结派。囿于私利所以就心胸狭窄，结党营私而排除异己，搞宗派主义而不讲道义原则，君子、小人在对人对事上为何会有不同的态度？因为君子崇尚道义，对不合理的事情，就要反对，所以会有不同。小人崇尚利益，对有损个人利益的事他不会干，对有利于自己的事则不论是否合于正义他都干，所以只能同而不和。

宋代的开国功臣赵普，在原则是非问题上，常常与身为一国之尊的皇上发生争吵，虽然他对皇上是尽职尽责地辅佐，但无论什么时候，他都始终坚持"和而不同"的做人做事原则。

赵普原本是赵匡胤的幕僚，任掌书记，曾经与赵匡胤等策划陈桥兵变，帮助赵匡胤（即宋太祖）登上皇帝宝位。之后又参与制定先南后北、先易后难的统一战略，帮助太祖、太宗二帝统一了全国大多数领土。

　　赵普从小就学习官吏办事的方法，不过读书不多。做了宰相以后，宋太祖常劝他读书，所以到晚年时他总是手不释卷，经常一回到家就关上房门，从箱子里拿出书来读，一读就是一整夜。第二天处理起政务来，总是果断利落。没有人知道他读的是什么书，到他去世以后，家里人打开箱子一看，只有《论语》二十篇。所以，后人传说他用"半部《论语》治天下"。

　　历代做宰相的人，大多都为私利着想，一切言行都要讨皇帝的欢心，绝对不触怒皇帝。赵普却把治理好国家当做是自己的责任。在与皇帝发生争执时，只要他认为自己的意见有利于国家，就直言相告。

　　有一次，赵普推举某人做某官，宋太祖不愿意任用。第二天，他还是举荐那人，宋太祖仍然不肯。第三天，他又向宋太祖推荐那人，宋太祖大怒，把奏章撕碎扔到地上，赵普不动声色，也不辩白，跪下来拾起奏章碎片就回家了。过了几天，他又把被撕碎的奏章贴好，仍然像以前那样上奏，宋太祖终于省悟，觉得赵普做得对，就任用了那人。

　　又有一次，一个大臣应当升官，宋太祖一向不喜欢那人，不愿意。赵普坚决提升那人的官职。宋太祖发怒说："我就是不给他升官，看你怎么办？"赵普心平气和地辩驳："刑罚是用来惩罚坏人的，赏赐是用来酬劳功绩的，这是古今一致的道理。何况刑赏是天下的刑赏，不是陛下一个人的刑赏，岂能因为您个人的喜恶而独断专行呢？"宋太祖气极了，起身离去，赵普就跟在后面。宋太祖进了皇宫，赵普就站在门口守候。等了很久，直等到宋太祖允诺了他才离去。

　　宋太宗时，赵普再次担任宰相。宋太宗由于听信了弭德超的谗言，怀疑曹彬不遵守法令，要处罚曹彬。赵普明白曹彬冤枉，就替曹彬辩解清楚，并且予以担保，使事情真相大白。宋太宗明白真相后叹息说："我听断不明，几乎误了国家大事。"后对待曹彬一如既往。

当然，赵普不是一般人，他做事"和而不同"的出发点是社稷民生，作为一般人，即使不能有这么崇高的意图，但凡事坚持原则，力求避免同流合污，还是应该能做到的；否则，一旦"同流合污"那简直就与小人一样了。

唐代诗人元稹，虽为名诗人，后身居高官，以人品论并不见重于世，曾被陈寅恪先生讥讽为"巧婚"、"巧宦"。元稹为后世留下了许多传诵千古的佳作，但他的人品和文学成就形成了反比。他的诗文中多有对忠贞感情和高尚品德的描写，例如"唯将终夜常开眼，报答平生未展眉"，用来表达对伉俪情深却人鬼殊途的哀思。还有"曾经沧海难为水，除却巫山不是云。取次花丛懒回顾，半缘修道半缘君"，曾经深深地震撼多少人的心灵。但是，如果你了解了元稹的一些真实故事后，元稹的形象就会陡然渺小了起来。

元稹创作的传奇爱情小说《莺莺传》，主人公就是元稹和他的姨表妹崔莺莺。故事的结局远比后来王实甫的《西厢记》来得凄惨。元稹为了仕途通达，在已故相国小姐崔莺莺和现任京兆尹的小千金之间做出了选择。尽管前者貌若初开之牡丹，清晨之露珠，又兼才艺双绝，元稹费尽心机苦苦追求而得之，并与之山盟海誓在前。可是，身为庶民士人的元稹，看懂了官场游戏规则之后，求取功名的欲望让他丧失道德操守，选择了从未谋面的当朝权贵之女韦氏，典型的攀附权贵。

当年"诗鬼"李贺参加进士考试，主考官就是元稹，因为李贺少年就很有才名，元稹嫉贤妒能，利用权势，硬是取消了李贺的考试资格。这才使得一位天才诗人李贺空怀"男儿何不带吴钩，收取关山五十州"的壮志，终身落魄，短命而亡。曾有后人评价元稹为"诗中才子，人中鬼魅"，由此也可以看出元稹的人品。

元稹为官，喜钻营结党。与其爱情道德同样的，为了当稳官，当大官，元稹完全抛弃了他刚出道时的正直和锋芒，不顾廉耻地投靠当权的宦官和弄臣，终得人臣之极，当上了宰相。

白居易是元稹的好友，此时他对元稹的行为也看不过去了，他曾写诗暗示过他："身外名徒尔，人间事偶然。"白居易希望元稹在名利面前应该有所控制。

公元822年2月，元稹做了宰相。他有意要解除裴度的兵权，便怂恿穆宗罢兵。穆宗听从了元稹的意见，诏除裴度为东都留守，判东都尚书事。

白居易目睹了元稹为了权利明争暗斗，不肯尽心为国家效力，和宦官魏弘简等勾结，与裴度失和。当年"有节秋竹竿"的伟丈夫、自己的知己、诗友，竟变成如此的庸碌势利小人，令他心情十分烦闷。他对元稹打击裴度的做法极为愤慨，于是上《论请不用臣表》，揭露元稹："臣素与元稹至交，不欲发明。伏以大臣沉屈，不利于国，方断往日之交，以存国章之政。"白居易这种不以私害公的精神，实在让人钦佩。

美国著名成人教育家卡耐基经过大量的研究发现："一个人事业上的成功，20%是由于他的专业技术，80%则是要靠人际关系、处世技巧。"此话也许说得有些夸大，但却从另一侧面说明良好的人际关系对成就事业的重要性。所以学会建立良好人际关系的方法，掌握其途径，是十分必要的。

在社会生活中，我们几乎每天都要和他人打交道。从动机上来说，人们也会寻求与他人的关联，每个人都希望得到他所关心和重视的个人和群体的支持、喜爱和接纳。正所谓"人生的美好是人情的美好，人生的丰富是人际关系的丰富。"传统中国社会被认为是一个关系本位的社会，人际关系在中国人的社会生活中具有特别的重要性。行为失谐，尚可挽正；人际失谐，百事无成。只有以良好和谐的人际关系为基点，才能协调各种社会关系，化解各种现实矛盾，促进个体素质的提高和个体全面发展。因而，我们应该充分认识人际关系的作用，不断改善人际关系。

人生在世，如果能得到别人的友情和认可，拥有良好的人际关系，使是人生一大快事。心理学家研究表明，良好的人际关系可以促进个人的社会化进程，可以促进自我认识的深化，可以维持个人身心健康。反之，如果受到他人的排挤，则会感到寂寞和孤独，对未来缺乏信心。

　　人因为相同而联结，因为相异而成长。每个人都有不同的性格、目标、做事方式、生活习惯，因此，我们不能苛求他人与自己各方面都相同。一个人应以"和而不同"的胸襟心态处世，方能站得高远。但是，我们还应该做到和而不流，不能因为交朋友丧失了自己应有的立场，或是受他人影响而迷失人生的方向。与人要和，但不要同流合污，不要同流结派。保持自己的本色，做到"和而不流"。

品德高尚的人，才会受到拥戴

【原典】

子曰：德不孤，必有邻。

【古句新解】

孔子说："有道德的人是不会孤独无助的，必有志同道合的人和他亲近，就像有了芳邻一样。"

自我品评

孔子认为，如果你真是一个有德之人的话，真为道德而活的话，就绝对不会孤苦伶仃，一定有与你同行的人，有你的朋友，有很多拥护你的人。

我们必须承认，有德之人在奉行德义之时是出于良心和义务的需要，是他们的思想和人格修炼到一定境界的自然产物，而不是工于心计，刻意为之。但我们也不得不承认，若从经济和商业的立场来看，讲道德也是一种很有长远眼光的投资，能使你得到更大的回报。

1993 年 11 月 16 日，广西北海金城实业有限公司总裁德籍华人哈里驾车与公司三名职员经过八宝村时，有人拦车，说有个孩子被歹徒绑架，请求帮助。这时，有一名职员提醒哈里，这种事最好不要管。哈里却说，这种事不能不管。于是，他调转车头，追上去扭住了两个歹徒，救了孩子，并将歹徒扭送公安部门。事情传开后，记者竞相采访。哈里说："一个人如果没有人情味儿，即使钱赚得再多，活着也没意思。"而且哈里还当即表示要拿出 20 万元作为社会治安基金，专门用来奖励见义勇为者。哈里的事迹在新闻媒介的宣传下广泛传播开来，一个关心社会问题，见义勇为的企业家的美好形象，很快在社会公众中建立起来，其企业也随之增光添彩，大大提高了知名度。

哈里解救遭绑架的孩子，是一种见义勇为的行为，却对其企业产生了良好的公关效应，这与那种精心策划的广告、义演等活动相比，其境界不知要高出多少倍。

不得不说，德性是具有磁性的，久而久之，有德之人的周围就会聚足人气，而且芳名远播，形成一种无形而又无价的品牌，成为成功的最大助力。

孔子论为政之道，很讲究为政者的自我表率作用，强调树立榜样典范、以身作则以取信于民。孔子的这一认识源于他对人生的基本看法。孔子论人重在仁德的修养。在孔子看来，人之为人，在于自觉承担社会和家庭责任，动之以真情、晓之以理义，并以诚挚的信念和仁爱之心来沟通自己与外部世界的关系，使之达到和谐、自由的理想境界。为人如果没有仁爱之心和诚信之情，如果不能和他人取得相互理解和信任，进而和谐共处的话，那么，必然会陷入闭塞不通、孤家寡人的孤立境地，很难成就什么事业，更无法实现人生的存在价值。在此基础上，孔子讲为仁由己，即修养仁德需要从自身做起，要以身作则，反思自己当下的生活，体察人生之使命，努力实现自己的理想人格。

所谓政者，正也，以仁义之道教化万方之义。这个仁义之道是需要由自身体现出来的，否则，便是空洞的说教和虚伪。孔子讲仁义都是在身体力行中论述而拒绝空泛的理论探讨，原因就在于此。因此，鲁哀公问孔子如何才能取信于民的时候，孔子很干脆地告诉他，只要他做君王的做事公正无私，任用贤能，老百姓自然信服。反之，如果他一味任用小人，徇私枉法，老百姓自然不会服气。孔子也曾经说过："只要自己行为端正了，对于治理政事还有什么困难?假如自己行为不能端正，又怎能使别人端正呢?"

南北朝时期，北齐人袁聿修为官清廉，颇有政绩。他当了十年尚书郎，从未接受过别人的馈赠，被人们称为"清郎"。有一年，袁聿修奉命去各地巡视，经过兖州时，他的一位朋友在那里当刺史，硬要送一些白绸给他留作纪念。袁聿修说什么也不接受。为了说服老朋友，他特地写了一封辞情恳切的辞谢信。信中说："今天我路过这里，非比寻常。这次我是奉命出来巡视民情、考察官吏的，你虽是我的好朋友，但礼物却无论如何不能收。这正像一个人路过瓜田和李树下一样，倘若在瓜田提鞋，在李树下整冠，就有偷瓜摘李的嫌疑，希望你能理解我的心情。"袁聿修的朋友读了信，深为感动，便不再坚持给他白绸做纪念品了。

袁聿修的这类举为逐渐传扬开了，朝野为之赞誉，深受百姓爱戴，也受过朝廷嘉奖。袁聿修不过拒收了一些算不了什么的小礼物，但他却赢得了举国上下的人心和很好的名声。以拒收的那些小财物作为投资，这做的可是一笔无本生意，而获得的回报却无比的巨大。我们不得不说，德者是最大的智者，也是最高明的投资商。

现实中，很多人只要求别人，却看不见自己的缺点，对人对事习惯采取双重标准。说一套，做一套；台上一套，台下一套。在这种情况下，又怎么能够实现诚信，取信于人呢? 古语讲"上梁不正下梁歪"，说的也是这个意思。

柳传志管理联想集团时，立下一个规定，凡开会迟到者都要罚站。第一个罚站的人是柳传志的一个老领导，他罚站的时候，站了一身汗。后来，柳传志跟他说："今天晚上我到你家去，给你站一分钟。"柳传志自己也被罚过 3 次，罚站的时候是挺严肃，而且是很尴尬的一件事情，因为这并不是随便站着就可以敷衍了事的。在 20 个人开会的时候，迟到的人进来以后会议要停一下，静默看他站一分钟，有点像默哀，真是挺难受的一件事情。虽然不好做，但也就这么硬做下来了。

在我国的一些企业中，虽然也有不少的企业规章制度，但这些制度似乎只是针对普通员工的，对管理者，尤其是中、高层次的管理者，这些规章制度对他们约束力就少。少数管理者似乎只有监督下级执行规章制度的责任，而没有自己执行规章制度的义务。同时，即使在执行规章制度的过程中，也往往对"疏离者"严，而对亲近者宽，人情干扰了这些管理者的执法。由此，在这些企业中就出现了一批享有法外特权的管理者。这样的管理很难使规章制度落到实处、起到作用，影响了企业的生存和发展。

人的核心竞争力是什么？我们认为，道德、健康和知识这三项既是人的核心竞争力，也是人"可持续发展"的必备条件，而道德又位居人的核心竞争力之首。道德，是一个人的行为准则，它决定人生的方向，方向一错，全盘皆误。而一个人如把自己的人生方向把握准了，那么他就等于把人生的道路走对了，而路走对了，不成功都难。我们之所以倡导要做有德之人，其实也有功利方面的考虑，所谓"德者，得也"，"德"就是有所收获或者行有所得。古人说"外得于人，内得于己"，这又引申出因有所得而感激别人或被别人感激。古代所说的"有德之人"，是指能依据自己的本性，使自己有所收获，进而使别人有所收获的人，我们就要做这样的人。

所以，领导者要以身作则。当我们要求别人如何如何时，是不是应该先审视一下自己是否符合标准呢？只有以身作则，才能给予正确地引导，增强说服力。"道之以德，齐之以礼"的"礼治"路线，强调道德教化的作用。正如艾森豪威尔所说："士兵们都想见见指挥作战的人，他们对轻视或不关心他们的指挥官表示反感。士兵们总是相互传播指挥官走访他们的情形，即使是短暂的走访，也看作是对他们的关心。"所以，作为领导者，应该放下架子，走到基层中去，走到群众中去，品德高尚的人才会有人拥戴。

德行比才能更重要

子曰：诗三百，一言以蔽之，曰：思无邪。

【古句新解】

孔子说："《诗经》三百篇，可以用一句话来概括它，就是思想纯正。"

自我品评

《资治通鉴》有云："德才兼备谓圣人，德胜才谓君子，才胜德谓小人。"所谓"德不高则行不远"，只有品德高尚的人，才能获得真正的成功；只有德才兼备之人，才能与之一起患难与共，荣辱共担。才能资质属于才的方面，骄傲吝啬则属于德的方面。才高八斗而德行不好，圣人连看也不看他一眼，只有德才兼备才是完美的人才。如果二者不能兼备，德是熊掌，才是鱼，孟子舍鱼而取熊掌，孔子舍才而取德。

孔夫子说，德育是整个教育的基础，所以抓教育首先要抓德育；孔夫子还告诉我们，德育本身也有基础，要抓德育就要狠抓这个基础。所谓"君子务本，本立而道生"。"务本"就是要"抓根本"，也就是抓基础。这里的"本"即做人的根本，务本就是要学会做人，学会做一个有高尚道德、高尚人格的人。

曾有个典故叫"民抄董宦"，是说明朝著名书画家董其昌，因字写得丑陋，科考屡次落榜，后专攻书画，终有名气。可他贪慕权势，强敛钱财，成为松江一霸。并纵容其子强抢民女，祸害百姓。董其昌及其家人"封钉民房，捉锁男妇，无日无之"的令人发指的罪行，早已激起了民众特别是士林的愤怒："敛怨军民，已非一日，欲食肉寝皮，亦非一人，至剥裈毒淫一事，上干天怒，恶极于无可加矣。"海刚峰曾经预言过的"民今后得反之也"，果然变成了轰动江南的事实。朝野为之震动。这是万历四十四年（1616 年）春天的事情，一场群众自发的抄家运动。有人把这个过程记录了下来，是为《民抄董宦事实》。事件爆发前，有人贴出了词锋犀利、无比愤怒的檄文，张榜公告，读来令人血脉贲张：

……人心谁无公愤。凡我同类，勿作旁观，当念悲狐，毋嫌投鼠，奉行天讨，以快人心。当问其字非颠米，画非痴黄，文章非司马宗门，翰非欧阳班辈，何得侥小人之幸，以滥门名。并数其险如卢杞，富如元载，淫奢如董卓，举动豪横如盗跖流风，又乌得窃君子之声以文巨恶。呜呼！无罪而杀士，已应进诸四夷，戎首而伏诛，尚须枭其三孽。……若再容留，决非世界。公移一到，众鼓齐鸣，期于十日之中，定举四凶之讨。谨檄。

做人不仅是孔子提倡的德育目标，也是当代国际教育的目标。如前所述，"国际 21 世纪教育委员会"在其所提出的"教育四大支柱"中明确把"学会共同生活"作为教育的基础。而学会共同生活就是要学会设身处地去理解他人，要与周围人群友好相处，并从小培养为实现共同目标而团结合作的精神。这实际上就是要教会学生如何做人。

显然，这里涉及的是伦理道德教育的问题，目的是要建立良好的人际关系。强调要把"学会共同生活"作为教育的基础，就是强调要把教会学生如何做人的道德教育作为整个教育的基础。所以，一切德育工作都要围绕"教会学生做人"这一目标来展开。这也是社会的一大难题。曾在网上广泛流传的并引起强烈反响的事件：2002 年清华大学电机系学生刘海洋，因为想验证笨狗熊一说，竟然用加有烧碱的浓硫酸泼了五只狗熊，事发后被判刑。一个受过高等教育的大学生，竟然做出这样的事，还谈什么仁爱呢？

新加坡前总理李光耀在全面总结儒家学说的基础上指出，儒家思想的核心是"忠、孝、仁、爱、礼、义、廉、耻"，并以此八种德行作为新加坡政府的"治国之纲"和新加坡每一位公民都必须具有的道德品质。李光耀的这一英明之举已在新加坡取得极大成功。

孔子还说："骥不称其力，称其德也。"意思是对于千里马，不称赞它的力气，要称赞它的品质。换句话说，就是尚德不尚力，重视品质超过重视才能。这是儒家的人才思想，也是我们今天选拔干部和人才的一个原则。

所以，人的品质比能力更重要。这是我们在考察干部、选拔人才时不能不遵循的原则。当然，也不能因此而走向另一个极端，忽略人的能力，不尊重知识，不重视干才。

所谓"品不良则心不正"，是我们做人做事的标准，更是识人之道。比较全面地说，应该是德才兼备最好，二者不能兼备时，德重于才。我们的确可以看到这样的现象，一个人如果品质不好、能力差也就算了，危害还不会太大。恰恰是一个能力非常强、智商非常高的人，如果品质败坏、野心很大，那他所造成的危害就会非常大，有时候会达到致命的程度，断送一个单位、一个企业，甚至于造成更大威胁。反过来说，一个人品质很好，能力虽然差一点儿，但只要他虚心好学，不断提高自己，也就会逐渐有所进步，把事情做得更好一些。

成大事要赢得贵人相助

【原典】

子贡问为仁。子曰：工欲善其事，必先利其器。居是邦也，事其大夫之贤者，友其士之仁者。

【古句新解】

子贡问如何推行仁德。孔子说："工匠要做好工作，必须先磨利工具。住在一个国家里，就要事奉大夫中的贤者，结交士人中的仁者。"

自我品评

孔子一生凄凄惶惶奔走列国，为的就是推行自己"仁"的主张，所谓"一日克己复礼，天下归仁焉"。而最有力量帮助自己推行"仁"的，是掌权的人和有地位的人。孔子认为，"工欲善其事，必先利其器。"工人若想做好他的工作，一定要先改善他的工具。为了更好地推进自己"仁"的事业，需要寻找"利器"相助。借用一句老话，就是寻求"贵人"的相助。

唐代大诗人李白年轻时，虽然极富才学，但名气不足。于是，他向韩朝宗即韩荆州投书，自我推荐，希望得到韩荆州的鼎力相助。李白在这篇著名的《与韩荆州书》中一开始就写道我听众人说："生不用封万户侯，但愿一识韩荆州。"后来，他果然得到了韩荆州的赏识，从此名声大振。

白居易在首都长安的时候，诗文虽好，但没有出路，没有人保荐，连考试都没有办法参加。后来，白居易去拜访一位老前辈顾况，将自己的作品给他看。这位老前辈接见了白居易，先不看作品，问他：你住在长安啊？长安居大不易！他对白居易讲这话，包含有教训的意思。但看到白居易的"离离原上草，一岁一枯荣，野火烧不尽，春风吹又生"这首诗的时候，非常欣赏，认为这个年轻人有资格住在长安。于是，为白居易保荐，使他有机会参加考试。

俗话说，一个好汉三个帮。要想成大事，就必须有贵人相助。古代如此，现代更是如此。

农家出身的高燃因为家境贫寒，中专毕业后便南下打工。1999年，他放弃在家乡人看来四五千元已是天文数字的月薪，毅然回到湖南准备高考。结果，他居然考上了清华大学新闻传播学院。

2003年临近毕业，高燃选择了去香港《大公报》实习。5月的科博会，他与江苏远东集团总裁蒋锡培第一次相遇。高燃曾在《对话》节目上见过蒋，他在网上也找了很多相关资料，一直想找机会认识他。"蒋总没有一点架子，为人很真诚。"蒋锡培给高燃的第一印象是可交之人。

当时，诺贝尔经济学奖得主"欧元之父"罗伯特·蒙代尔也来了。演讲完毕，所有的记者都围着蒙代尔发问，把蒋锡培冷落在一旁。高燃却没有忙着"追星"，他向蒋锡培提了一个自己精心准备的问题。这个问题却把论坛气氛推向了高潮，蒋锡培回答完毕就坐在了高燃的身边，他们聊得很开心，看得出来，蒋锡培对这个年轻人印象不错。

"我在三亚参加一个论坛，有空你也过来看看吧。"几个月后，高燃接到了蒋锡培从海南打来的电话。高燃自己掏钱买了机票，直飞三亚。这一次，他和蒋锡培彼此有了更深入的了解。在回上海的飞机上，他们坐在一起，从家庭到事业，聊了一路，很是投机。"他给我的感觉就是亦师亦兄亦友，我们就像老朋友那样聊起来没完。"和蒋锡培的几次接触，让高燃第一次清晰地意识到：原来做企业也可以受人尊敬。

几天后，清华大学社团要组织企业家论坛，高燃便邀请蒋锡培过来演讲。那时正是北京最冷的三九天，蒋锡培在外地开完会后连夜赶到北京。"天气特别冷，你们就别过来接了。"高燃至今还记得蒋锡培的细心。而这次演讲，蒋锡培的一件衣服不小心掉在了地上，高燃悄悄地捡起来了。这个细节也让蒋锡培印象深刻："高燃是个有心人。有次我的生日我都忘记了，他出差到上海，还特地从上海赶过来，还记得这个日子，我觉得他是很用心的。"

毕业后，高燃如愿以偿成了一家大报的记者。但是仅仅八个月后，不安分的他又开始寻梦，高燃再次辞职，和朋友一起创业。"看到卓越网、当当网都做得很好，我也想把北大的一个网上书店买下来。"他做了自己的第一份并不十分专业的商业计划书，开始四方寻求投资。

杨致远是高燃找的第一个人。在一次会议上，高燃以记者身份见到了杨。杨在电梯口等雅虎的 CEO，高燃灵机一动，说跟我来吧。杨致远就进去了，高燃立马把电梯门关上，把自己的商业计划书递给杨，"我很佩服你，你要看看我的商业计划书。"杨致远突然被堵在电梯里，觉得这个记者怎么这么奇怪。他给了高燃几句客套的鼓励，此后便没有了下文。

第一次受挫并没有让高燃灰心，在重新对自己的计划进行修改之后，他再次寻找机会。这次，他想到了蒋锡培。当时蒋在吉林长春出席团中央组织的会议，高燃下午得知，随即站了一夜火车，第二天凌晨到了长春，双手递上计划。尽管高燃一没团队，二没技术，三没资源，蒋锡培还是被他打动了：第一，他认为这个行业有机会；第二，他看好这个年轻人。两小时后，一个口头协议达成了：蒋锡培出资1000万占65%股份，高燃以智力出资占35%。高燃兴冲冲地回到北京，找来清华自动化系的几个博士，凑成一个团队。

晚上 10 点，蒋锡培把高燃带到餐厅，要了白粥和咸菜，自己一口气喝了五碗。高燃呆坐着，蒋锡培终于开口了，"高燃，你这个人一定能成就一番事业。"高燃只顾喝粥，不去看这个就要拒绝自己的人。"你害了我！"高燃突然大声说。蒋锡培显然有一点震惊。高燃只顾说着："我那边还有几个弟兄，回去怎么交代？当时就有很多人要投我这个项目，就因为跟你关系好，我才过来。现在团队没建起来，渠道没建起来，怎么办？"这些说辞，高燃下午在宾馆里已经想好了。

最终，蒋锡培答应给他 100 万。离别的时候，蒋锡培拍着他的肩膀，说了一句使这个年轻人会记住一辈子的话："这个项目是有非常大风险的，但你这个人是没有风险的。"

高燃的电子商务计划无疾而终，但他的事业却很快有了转机。2005 年 2 月，高燃遇到了当年的清华同学邓迪，两个人合并了公司，创立 MySee.com。8 个月后融进了几百万美元的风险投资。蒋锡培在这个过程中追加了 100 万，总共 200 万的投资增值了至少 10 倍。

去年 10 月，高燃退出 MySee.com，成为股东。他把全部心思投入到新事业——天海川媒体。凭借着第一次创业积累的丰富经验和用心积累的人脉，高燃得到了更多贵人青睐。"拿到第一笔投资，大约花了一年的时间（认识蒋锡培用了一年，用三个月说服他投资）；拿到第二笔投资，大约花了三个月的时间（为 MySee 融资）；拿到第三笔投资，也就花了 1 个小时（为现在的公司）。"高燃自己都很感叹如此快的速度。

现代社会，无论是在商界、政界，还是演艺界，由于有"贵人"相助而成功的事例不胜枚举。例如电影明星巩俐、章子怡一举成名，事业有成，固然离不开自己的努力和天赋，但与张艺谋这位世界级大导演的相助也是分不开的。

应该承认，一个人能不能得到"贵人"相助，有很多偶然因素。但有一点是可以肯定的，就是能不能得遇"贵人"，与你自身的为人处世有很大的关系。

孔子每到一国，都能了解到那个国家的政治情况。有人问子贡，孔子是怎么了解到的？子贡回答，孔子是靠"温、良、恭、俭、让"了解到的。就是说，由于孔子温和、善良、恭敬、节俭、谦让，所以常能得到别人的主动帮助。孔子周游列国，得到许多"贵人"相助，这也是与孔子具有温良恭俭让的美德密不可分的。

"工欲善其事，必先利其器。"你要获得成功和幸福吗？那么，先磨砺你的品德吧。人这一生中，有许多与"贵人"相遇的机会。但如果我们不具备温、良、恭、俭、让的品质，就会与"贵人"失之交臂。反之，生活不会亏待你，我们就非常有可能得到"贵人"相助，而且是意想不到的、主动的、慷慨的相助。

给别人一条路，自己也会多一条路

【原典】

子曰：臧文仲其窃位者与！知柳下惠之贤而不与立也。

【古句新解】

孔子说："臧文仲是一个身居官位而不称职的人吧！他明知道柳下惠是个贤人，却不举荐他一起做官。"

自我品评

孔子认为，一个人要提高道德修养水平，首先在于踏踏实实地做好事，不要过多地考虑自己付出的代价，这等于积累了功德，也必将得到好的结果。

中国有个成语叫做"结草衔环"，这个典故不仅向我们讲述了成就这美德的两个感人至深的故事，还告诉我们"善有善报"是一亘古不变的天理。

"结草"的典故见于《左传·宣公十五年》。公元前594年的秋七月，齐桓公出兵伐晋，晋军和秦兵在晋地辅氏（今陕西大荔县）交战。晋将魏颗与秦将杜回相遇，二人厮杀在一起。正在难分难解之际，魏颗突然见一老人用草编的绳子套住杜回，使这位堂堂的秦国大力士站立不稳，摔倒在地，当场被魏颗所俘，使得魏颗在这次战役中大败秦师。

晋军获胜收兵后，当天夜里，魏颗在梦中见到那位白天为他结绳绊倒杜回的老人。老人说："我就是你把她嫁走而没有让她为你父亲陪葬的那女子的父亲。我今天这样做是为了报答你的大恩大德!"

原来，晋国大夫魏武子有位无儿子的爱妾。魏武子刚生病的时候嘱咐儿子魏颗说："我死之后，你一定要把她嫁出去。"不久魏武子病重，又对魏颗说："我死之后，一定要让她为我殉葬。"等到魏武子死后，魏颗没有把那爱妾杀死陪葬，而是把她嫁给了别人。魏颗说："人在病重的时候，神志是昏乱不清的，我嫁此女，是依据父亲神志清醒时的吩咐。"

"衔环"这一带传奇色彩的典故则见于《后汉书·杨震传》中的注引《续齐谐记》。杨震父亲杨宝九岁时，在华阴山北，见一黄雀被老鹰所伤，坠落在树下，为蝼蚁所困。杨宝怜之，就将它带回家，放在巾箱中，只给它喂饲黄花。百日之后的一天，黄雀羽毛丰满，就飞走了。当夜，有一黄衣童子向杨宝拜谢说："我是西王母的使者，君仁爱救拯，实感成济。"并以白环四枚赠与杨宝，说："它可保佑君的子孙位列三公，为政清廉，处世行事像这玉环一样洁白无瑕。"

果如黄衣童子所言，杨宝的儿子杨震、孙子杨秉、曾孙杨赐、玄孙杨彪四代都官至太尉，而且都刚正不阿，为政清廉，他们的美德为后人所传颂。

后世将"结草"、"衔环"合在一起，流传至今，比喻感恩报德，至死不忘。

在中国历史上，就有许多深明此理的人，他们自己发达显赫之时，都会自觉地助人发展，有的公开助人，有的帮助了人家，却不让人家知道。这些人在当时都得到人们的赞许，获得很好的社会声誉，同时也使自己的社会关系得以巩固，另外在历史中也留下了美名。宋真宗时代，寇准与王旦同过事，但寇准常在真宗面前攻击王旦，结果，却受王旦的包容。后来寇准罢相，转托别人求王旦，想要"使相"的位置。王旦大为惊愕地说："国家将相的位置，哪里可以随便要求？我不接受私人的请托。"因此寇准对王旦不满意。不久之后，寇准又做了中枢要职、内阁大员，叩见真宗的时候说："非陛下知臣，安能至此。"真宗告诉他，他的职位都是出于王旦的极力保荐。寇准才知道个中实情，非常惭愧。真宗也常说："王旦善处大事，真宰相也。"

王曾比王旦后进，但到宋仁宗时期，也担任首辅的职位了。在王旦告假期间，王曾一度因政见问题，被皇上给罢官了。王旦知道了便说："王君介然，他日德望勋业甚大，顾予不得见尔。"后来王曾在中央政府执政，平常很少说话，也不轻易说笑，任何人不敢向他私下求事。他提拔别人，也不使人知道。那时候，范仲淹还是后举新进的人物。有一次范仲淹对他说："公开提拔人才，这是首相的当然责任。你什么都很好，只是不肯说明提拔了些什么人，未免有点欠缺。"王曾便对他说："若是受提拔的人私底下对我都是感恩图报，那么，那些没有得到好处的人们的怨恨，又叫谁去承担呢!"

先行登上悬崖的人，不要只顾自己极目四望看万壑风光，而应该向崖底扔下一根绳子。如果你这样做了，那些在下面苦苦攀爬的后进者向你仰望时，会像看一尊山神。这样做，需要一种品性，也需要一种智慧。自古以来，人们对为富不仁、为贵不义者都大加贬斥，所以其独享殊荣的日子并不会太好过。而如果在自己发达时，肯热心地帮助别人，使别人也能得到发展的机会，那情况就会大大不同了——这样的人所享受的就不仅仅是那点有限的一己之荣华，而会有一种巨大的人缘和气场护持着他，使他活在更加广大的祥瑞和荣光之中。另外一点必须要说的是，人在走运时要做好倒霉的准备，俗话说"饱带干粮，晴带雨伞"，很有警示作用。在走运时，对别人援手相助，友谊之花盛开，身边维持一群朋友和感恩戴德的人。有的东西今天你可能看不出它潜在的价值究竟有多大，但有朝一日你就会觉得它身价百倍。

给别人指了一条路，自己就会多一条路。尽管有人在做善事时，只是按照良心、道义和爱意在行动，并没有想要也没有想到会有回报，但一个人把善事做出之后是不可能不在世间产生任何反响的。世间发生的事经常让人不可思议，但有一个规律性的东西还是可以把握的，那就是无论何时何地，只要你秉持一份善意和爱心去处事为人，就不会有错。

匡正人生，成就事业

【原典】

子曰：吾十有五而志于学，三十而立，四十而不惑，五十而知天命，六十而耳顺，七十而从心所欲，不逾矩。

【古句新解】

孔子说："我十五岁时立志于研究学问，三十岁时懂得依据礼仪立足于社会，四十岁时对于社会上的各种人事都已经没有困惑了，五十岁时就已经掌握了各种知识并领悟到人生的意义，六十岁时对于外界的任何言论都能顺心而听并了解其用意了，七十岁时就可以随心所欲地做任何事情而不会逾越规矩了。"

自我品评

有句话说："每个人都是自己人生最好的设计者和建造者。"也就是说，人生需要规划。规划就是针对自己的优点和不足，选择适合自己的成功之路。

人生规划，对每一个人的成长和发展都至关重要。从国家领袖到平民百姓，从百岁老人到青年少年，都离不开人生规划。有无人生规划对于一个人一生事业的发展和生活质量的提高都极为重要。现实生活中，成功者一般都有很好的人生规划。每个人都应该抓紧时间，早早制定自己的人生规划并付诸实践，免得"老大徒伤悲"。

孔子用简单的几句话勾勒了自己的一生，从中也大体显示了一个成功者在人生的各个阶段达到的目标：少年时代发奋学习；三十左右成家立业；四十岁前后应该有坚定的信念；五十岁上下要明白世上的人情世故和必然趋势；六十岁时要对各种意见都能正确地理解和对待；七十岁时对社会的规则运用自如，精神焕发地进入自由王国。

每个人都有自己的追求，都希望自己的人生更精彩。很多人认为，机遇非常重要，个人努力是起不了决定作用的。其实，人生可以设计，成功需要规划。

有的人活得很盲目，从来没有一个长远的规划，这种弱点使他们被永远地拒绝在成功的大门外。一个人只有先有计划和目标，才有前进的方向，才有成功的希望，才能感受到成功的喜悦。

东汉时期，也就是距今约 1800 多年前 (公元 117 年)，一台利用水力推动自动运转的大型天文仪器——"水运浑象"在东汉的京都洛阳制造成功了。仅仅相隔了 20 年 (公元 138 年)，安置在京都洛阳的又一台仪器——"候风地动仪"准确地报告了西方千里之外发生的地震。这标志着人类开始了用仪器记录研究地震的新纪元。这两台著名仪器的发明者就是张衡——我国东汉时期伟大的科学家、文学家。张衡对中国古代的天文学、地震学和机械力学作出了杰出的贡献。传说他还制造过指南车、记里鼓车等，因其机械制造水平很高，被尊称为"木圣"。

张衡是我国东汉时期杰出的科学家、文学家，他发明创造的浑天仪、候风仪、地动仪、指南车凝聚了他毕生的心血与智慧，为中国和世界的发展作出了巨大贡献。张衡在文学艺术史上也占有很重要的地位，他是汉赋四大家之一，他的《二京赋》、《归四赋》等都产生过很大的影响，他的《四愁诗》、《同声歌》是中国诗歌史上五言、七言诗创始时期的重要诗篇。另外，他还是东汉四大画家之一。

张衡出生在一个破落的官僚家庭。祖父张堪是地方官吏，张衡幼年时候，家境已经衰落，有时还要靠亲友的接济。"自古英才多贫贱，从来纨绔少伟男"，正是这种贫困的生活对他的成长起到了很好的作用。当时的南阳是经济和文化都很发达的地区，有"南都"之称。张衡在这样的环境熏陶下，加上他自幼刻苦好学，在青少年时代就已经为后来从事文学和科学事业打下了良好的基础。

由于家中的经卷典籍慢慢地不能满足张衡的求知欲望了，于是从16岁开始，他便离乡游学，广结学者名流。他曾到汉朝故都长安一带，游览了当地的名胜古迹，考察了周围的山川形势、物产，还到当时的首都洛阳，就读于最高学府——大学，并成为学识比较渊博的学者。当时，地方上曾经推举他做"孝廉"，公府也多次招聘他去做官，但都被他拒绝了。在张衡34岁的时候，他的研究兴趣逐渐转到哲学和自然科学方面，他很喜爱扬雄的哲学著作《太玄经》。《太玄经》的内容涉及天文、历法、数学等方面，引起了他很大的兴趣。《太玄经》里的一些朴素的唯物主义观点也给了张衡以很大的启发。

张衡根据自己对天体运行规律的认识和实际观察，认真研究了这三种学说，认为浑天说比较符合观测的实际。他继承和发展了前人的浑天理论，在西汉耿寿昌发明的浑天仪的基础上创制了一个能够精确表现浑天思想的"浑天仪"。他精通天文、历算，具有很强的革新思想，先后写出了《灵宪》、《灵宪图》、《浑天仪图注》等天文学著作，成为东汉中期浑天学说的代表人物之一。难能可贵的是，张衡早在《灵宪》中就已指出月亮本身并不发光，月光是反射的太阳光，这在当时是了不起的科学发现。

张衡之所以能够在科学上做出杰出成就，成为伟大的科学家，和他对自己的人生规划以及坚持唯物观点、反对唯心主义和迷信思想有密不可分的联系。张衡一生为我国的科学文化事业作出了卓越的贡献，是我国古代伟大的科学家之一。

像孔子这样，从十五岁至三十岁，直到七十岁，能够从小就有成功的人生规划，并且一步步达到理想中的目标的人，毕竟是少数。但如果在起始或者行进过程中，因为种种原因，没有这么顺利，存在各方面的难度，或者是时间已经迟了许多，是不是就能自暴自弃呢？

每个人的生活环境不同，起点不一样，发展当然也不尽相同。人生下来没有完全平等的，机会也不公平。但只要你持之以恒地规划自己的人生，只要你拥有坚韧不拔的意志，即使在时间上有所耽搁，即使困难重重，成功也终将属于你。

吉姆·克拉克，作为一个有目标的叛逆者，完成了一项从未有过的奇迹，创办三家公司，而且市场价值均在10亿美元以上。

少年时代，父母的离异，在他心理上产生了不小的影响。因为某些原因，他高中都没有顺利毕业。想到这些，克拉克常常感到很羞愧。仅仅16岁的克拉克离开了校园。他说："我想参军，我想去见见世面。"17岁时，克拉克真的如愿以偿了。20岁他进入社会，在一家公司当一名计算机程序员。他知道只有勤奋才可以维持家庭的正常，没有完成高中学业是他心中的遗憾，他抓住工作的间隙，获得了三个学位。其中包括计算机学科的博士学位。克拉克一生的理想就是要证明自己，一次一次证明。他证明自己对计算机图形的新设想会有很好的发展，很快在SGI得到验证，这是他第一次创业。接着网景的成功进一步证明SGI并不是侥幸成功。

就这样，他一步一步地规划着自己的人生。

克拉克于1982年成立了SGI，与许多技术出身的企业家不同，克拉克并没有因此放下技术工作。直到SGI发展壮大，他也亲临技术第一线。同事们说，是克拉克最先促成了单机工作站的诞生，而不像其他终端必须依赖大型机。后来，他又努力促使机器价格下降，以免被廉价的PC所吞噬。

无疑，早年艰辛的生活培养了克拉克极富想象力却又脚踏实地的商业本能。而他成功的另一个因素是：他善于发现问题，注重从错误中吸取经验教训。

硅谷是全球创业的圣地"麦加"，而硅谷的创业之神却是非克拉克莫属。有人如此评价道："吉姆·克拉克在短短的15年之内，创办了三个超过10亿美金价值的公司，当然每次都有不同的特点。创办第一个公司的时候，他是一个科学家，但是最后却被人排挤了出来；然后做第二个公司网景，他做一个管理者，等他感觉自己到达一种境界，能非常从容地把握这个公司的时候；他开始做第三个，他开始做一个观念艺术家。"

他从来就没有想过自己日后会成为亿万富翁，会被世界人们熟知并誉为卓有远见的商业泰斗。克拉克说："靠人资助或许从一开始就错了。所谓资助人从定义上说是早期的种子基金投资者，但是，如果他们占有你公司20%到30%的股份，那么你将为此付出惨重的代价。"

匡正人生，就是让你不断地提升自己的修养、道德以及知识等多方面。成功的人生离不开规划及在正确规划指导下的持续奋斗。人生如大海航行，人生规划就是人生的基本航线。有了航线，我们就不会偏离目标，更不会迷失方向，就能更加顺利和快速地驶向成功的彼岸。每个人都是自己命运的设计师，越早规划，越早成功。

第九章 博施济众

——孔子原来这样说仁义

　　"仁"是孔子思想的核心，孔子一生都在追求"仁爱"、"仁政"、天下归仁。当下，物质经济日益膨胀，而人类的精神世界却日益萎缩，人们疲命于利益追逐，却把那人性中最宝贵的仁义淡忘了。重读孔子，让我们唤回久已逝去的良知。

利益之上还有仁义

【原典】

子曰：君子喻于义，小人喻于利。

【古句新解】

孔子说："君子明白大义，小人只知道小利。"

自我品评

孔子认为，利要服从义，要重义轻利。所以，他把追逐个人利益的人视为小人。在孔子的眼里，道德高尚的人重义而轻利，见利忘义的人重利而忘义。前者受人尊敬，后者惹人生怨。

圣人对于仁义道德，就像小人对于货财金玉一样。小人对于货财金玉没有一时能感到满足的，圣人对仁义道德也是没有一时能感到满足的。所以文王、周公、孔子都是大圣人。文王视民如子，从早到晚忙得都没吃饭的空闲；周公想兼有三王的长处而实施四件事，夜以继日忙到天亮。如果用贪财物金玉的心而去行仁义道德，那么昏昧的可以变得聪慧，狂妄的可以变得明哲。

孔子指出："见利思义，见危授命，久而不忘乎平生之言，亦可以为成人矣。"这里的"成人"是指道德完善的人。在孔子看来，心目中有高尚道德的人是有仁爱之心的人，也就是能"泛爱众"、"博施于民而能济众"，即对大众博爱、能为人办事情、为人民大众谋福利的人。一个道德完善的人，最起码的要求就是"见利思义"、"见得思义"。品行高尚的人，在个人利益面前，首先要考虑这种利益是否符合全社会公众的道德准则。

李嘉诚拥有的第一幢工业大厦、地产业的基石，让他赢得"塑胶花大王"盛誉的老根据地是北角的长江大厦。20世纪70年代后期，香江才女林燕妮为她的广告公司租场地，跑到长江大厦看楼，发现长江实业仍在生产塑胶花。此时，塑胶花早过了黄金时代，根本无钱可赚。当时长江地产业已创出自己的名号，盈利已十分可观，就算塑胶花有微薄小利，对长江实业的利润贡献实在是九牛一毛。为什么仍在维持小额的塑胶花生产，林燕妮甚感惊奇。李嘉诚说是为了给以前的老员工留下一些生计，为了让他们衣食丰足。

有人看到李嘉诚如此善待员工，不由得感叹道："终于明白老员工对你感恩戴德的原因了。"李嘉诚认为：一家企业就像一个家庭，他们是企业的功臣，理应得到这样的待遇。现在他们老了，作为晚辈，就该负起照顾他们的义务。别人夸奖李嘉诚精神难能可贵，不少老板等员工老了一脚踢开，他却没有。这批员工过去靠他的厂养活，现在厂没有了，他仍把员工包下来。李嘉诚急忙否定别人的称赞，解释说："老板养活员工，是旧式老板的观点，应该是员工养活老板，养活公司。"相比较而言，日本的企业，在新员工报到的第一天，通常要做"埋骨公司"的宣誓。李嘉诚却从不勉求员工做终身效力的保证，他总是通过一些小事，让员工认为值得效力终身。他自豪地说，他的公司不是没有跳槽，但是公司行政人员流失率极低，可说是微乎其微。

如何做事、赚钱两不误，还能博得大家的好感呢?其实很简单，做生意要想赚大钱，必须有大德。他们可以为了诚信、道义，放弃自己的利益。在商战中，利益高于一切，商人不会从事没有收获的事业，毕竟企业不是慈善机构。所以工厂没有效益，关闭也无可厚非，而李嘉诚却继续生产，坚持"员工养活企业，企业应该回报他们"的朴素观点，他是把冷漠商场化无情为有情，把"义"作为经商的道德基础。

"子贡辞行"这一典故就是告诉人们这个道理。子贡当信阳宰，向老师孔子辞行。子贡精通经济，善做生意。他将仁爱、贤智、济世、巧词融为一体，运用于经商易货之中，成为当之无愧的儒商宗师鼻祖。商人们流行在自己的店铺店堂内悬挂"陶朱事业，端木生涯"8个大字。

孔子指出："君子义以为上"，这里的"上"是崇尚、尊贵的意思，"上义"也就是重义。如果先讲利而后讲义，或者重利而轻义，人们的贪欲就永远也不能满足。

君子平时廉洁自持，克勤克俭，廉以持躬，各循分而自守，接物以公私分明，品德高洁，无愧于心。如果有不义之财物，也不贪不取，不失中道，以义为廉。小人做不到这些，他们的行为与贪有关，玷污了德行。

子罕是春秋时宋国的宰相，任司城，掌管土地、水利和工程建设。他一向廉洁奉公，勤政爱民，为官清正无私，深受当地老百姓的爱戴。

公元前557年 (宋平公十九年) 秋天的一天，子罕办完公事回到内衙休息，一个衣着朴素的中年人登门拜访，子罕热情地接待了他。中年人从怀中掏出一块半青半白的璞玉，恭恭敬敬地放在子罕面前的桌子上，然后说道："大人为官清正，德被苍生，老百姓得到很多的好处和实惠。小人前两天在山上采石，发现了这块璞玉，特献给大人，以表示敬慕之诚。"

子罕婉言谢道："我不需要它。你得之不易，还是拿回你家去吧！"说完，把璞玉推到中年人面前。中年人以为子罕不懂得璞玉的价值，特别郑重地解释说："大人，你不要看这块璞玉外貌不扬，其实它真是一块宝贝。我曾经拿着它给玉匠看过，玉匠认为这是一块价值千金的宝玉，所以我才敢献给你，请相国一定收下。"

子罕正色地说："你把玉石当做宝物，我一向把不贪当做宝物，如果你把宝玉给我，岂不是我们两人都失去了自己的珍宝。相反，我不收你的宝玉，我们两人也都保留了自己的珍宝。"

中年献宝人见他坚决不收，听了子罕这段话以后也非常感动。对子罕行下跪叩首之礼，坦率说明自己献玉的原因："我是一个普通的百姓，突然得到这样贵重的宝玉，并非特意向您行贿，只是现在家中有事要赶回家乡，怕身带宝玉路上不安全遭强盗杀害。所以才想把它献给您，一则表示敬意，二则可免杀身之祸，请大人恕罪务必笑纳。"说完，又把璞玉推到子罕面前。

子罕明白了中年人的苦衷后，便安排他先住在驿馆，然后命人将璞玉送往冶玉作坊，让玉匠把这块璞玉雕琢打磨成器，果然是色质晶莹、价值千金的宝玉，子罕命人把这块宝玉拿到街上卖了一大笔钱，然后命人把中年人找来。

子罕指着桌子上的一大堆金子对中年人说："你的宝玉我已经找人卖了，这些金子就是你的宝玉的价值，你可以拿回去安家立业，我派两个人路上为你护送。我还写有一封信你带给你们当地的父母官，要他们加强缉盗，保证百姓的安宁，你回去就再不会有什么危险了。"

中年人见子罕不但不要宝玉，还替自己考虑得这么周到，感动得热泪盈眶，连连叩头致谢，然后满怀感激之情，出门而去。

何以为宝？人们对此看法各异，许多人以金银珠玉为宝，也有人以气节情操为宝。孔子尝言：君子爱财，取之有道。珠宝确实是好东西，但以手中的权力去贪图不义之财，就是仁人君子所不耻的了。

孔子赞赏"义然后取，人不厌其取"这一行为准则。他说："富而可求也。虽执鞭之士，吾亦为之。如不可求，从吾所好。义而富且贵，于我如浮云。"这些话，说的就是"义然后取"或"取之有义"的行为准则。

追逐财富，期盼发家，这是人之常情。在一个成熟的商业社会里，个人对创造积累财富的努力，也是有益于社会发展进步的。利益是个好东西，谁不喜欢利益呢？"天下熙熙，皆为利来；天下攘攘，皆为利往。"求财可以，但要始终遵循一个原则。面对财富的诱惑，不能动摇，不能利欲熏心。

黑格尔说过："凡一切人间的事物，财富、荣誉、权力，甚至快乐、痛苦……皆有其确定的尺度，超过这个尺度就会招致毁灭。"我们很多人都明白这样一个道理。可见，追求金钱也好，追求荣誉也好，追求权力也好，它们都不是最后的目标，它们不一定能给我们带来幸福和快乐。表面上看起来，钱有了，权有了，荣誉有了，快乐也就到手了。其实不然，金钱、荣誉、权力的追求要得法，不能无视别人的需要，否则就会报应到自己身上，金钱、荣誉、权力反倒成了烦恼的源泉。

唐太宗李世民用水和舟来深刻阐述民与君的关系，他说："水能载舟，亦能覆舟。"其实李嘉诚的做法与他很相像，不同的是后者用在企业管理中。李嘉诚说，一支同心同德的军队，身体力行的军队，有凝聚力的军队，才是无坚不摧的军队，才能够出奇制胜。一个光杆司令打不了天下，孤掌难鸣，就像舟和水的关系一样。而且他也是这样做的。他说如果要员工全心全意地工作，就要将心比心，让员工得到他们应该得到的，保证他们的利益。

在现实生活中，确有一些庸俗的人被金钱所奴役。他们用毁坏良心的手段去赚钱，又用毁坏健康的办法去花钱。结果，金钱把他们从灵魂到肉体彻底毁灭掉了。现代社会中的一个病态是：大家在追求利润和财富的过程中，忘却了生命的意义，也就糟蹋了自己的一生。

我们都需要利益，但我们更需要道义。中国人历来对欲望采取了十分谨慎的态度。儒家讲修身，主张适度欲望，将其引向道德仁义。修身养性，是为了更好地控制自己的欲望。生命要不断完善，就要不断地修养，并在渐渐地探索、磨砺中走向真实。古来的圣哲们都竭毕生的精思与修养来挖掘生命中的珍贵的智性与德性，以扩充人生的真正价值，使行为更为庄正，生活更加美满。

见义不为非君子

【原典】

子曰：非其鬼而祭之，谄也；见义不为，无勇也。

【古句新解】

孔子说："不是自己的祖先却去祭祀，这是谄媚；遇见正义的事却不能挺身而出，这是怯懦。"

自我品评

"见义不为，无勇也。"这是说君子应该见义勇为。见义不为，则无君子之勇。此外，《论语·公冶长》篇还有这样的记载："子谓子产：其行己也恭，其事上也敬，其养民也惠，其使民也义。"这里的"恭敬惠义"，其实也都是义。义者，宜也。此即君子之行、君子之勇。

那么，怎样勇于行呢？这是关于勇的度量问题。前面说过，勇于行包括言和行两个方面。孔子要求"言必信，行必果"，从而要求"讷于言，敏于行"；"君子……能于事而慎于言"；"君子欲讷于言而敏于行"。这是因为"古者言之不出，耻躬之不逮也。"所以，君子慎于言，勇于行，反之，就是"巧言令色，鲜矣仁。"

不仅如此，孔子甚至认为，君子不仅要慎言，而且要慎行；"多闻阙疑，慎言其余，则寡尤；多见阙殆，慎行其余，则寡悔。"慎言慎行是君子之勇，妄言妄行是小人之勇。后来苏东坡认为大勇、小勇之别在于一个"忍"字。所以，他在《留侯论》的开篇就写道："古之所谓豪杰之士者，必有过人之节、人情有所不能忍者。匹夫见辱，拔剑而起，挺身而斗，此不足为勇也。天下有大勇者，猝然临之而不惊，无故加之而不怒……"可见，小人之勇与君子之勇，在度量上是不可同日而语的。

孔子说："仁者不忧，知者不惑，勇者不惧。"勇敢是人类最美好的品德之一。但"勇"不是一味地轻生好斗，而是与道德修养密切相关的。孔子承认他的学生子路比自己勇敢，但也教导他有勇更要有义：只为争饮食而斗是无廉耻的猪狗之勇；为争货财而斗是唯利是图的贾盗之勇；无谓地械斗是小人之勇；只有为道义而斗争才是君子之勇。孔子认为，没有是非观念的"勇"是不可取的。见利忘义，或"见义不为"，都谈不上真正的"勇"。

荀子将"勇"分为上、中、下三种境界，怀仁爱之心，忧国忧民，无私无畏，是"大勇"；好礼而轻财，亲贤士远小人，是"中勇"；不顾是非，贪财斗狠，是"小勇"。综观古今，凡是为国家、民族利益，为正义事业敢于奋斗、勇于牺牲者，都是值得崇敬的"大勇"之人。

我们都知道，畏惧死亡是人之常情，但孔子却认为还有比死更为重要的事情，那就是"义"。所以，古代的很多知识分子，有时候为了维护"义"、成就"义"，他们能够做到视死如归，也就是孟子所说的"舍生取义"。

南宋末年，首都临安被元军攻破。丞相文天祥组织武装力量坚决抵抗，失败被俘后，元朝劝他投降，他写了一首诗，其中有两句是："人生自古谁无死，留取丹心照汗青。"人总是要死的，就看怎样死法，是屈辱而死呢，还是为民族利益而死？他选取了后者，要把这片忠心记录在历史上。

文天祥被拘囚在北京一个阴湿的地牢里，受尽了折磨。元朝多次派人劝他，只要投降，便可以做大官，但他坚决拒绝，终在公元1282年被杀害了。他写的有名的《正气歌》，歌颂了古代有骨气的人的英雄气概，并且以自己的生命来抗拒压迫，号召人民继续起来反抗。

《诗经》有云："柔亦不茹，刚亦不吐；不侮矜寡，不畏强御。"大意是柔软的东西不轻易去吃，坚硬的东西也不轻易吐出来；不欺侮弱小的人，也不惧怕强权的威胁。这首诗是歌颂西周名将仲山甫，为送他出征而作的。这几句诗的意思是说他一定会不负王命，平定诸侯，安抚百姓，表达了人们对品德高尚、勇猛英武、不欺软怕硬、不凌弱惧强的品格的赞誉。

朱自清是我国现代著名的作家和学者，他在写作上成就最高的是散文，他的散文感情真挚，主要就是叙事性和抒情性的小品文。在中国这块广大的土地上，只要稍微读了一点书的人，就没有不知道他的。一方面，因为他写出了许多好作品，尤其是像《背影》、《春》、《儿女》、《荷塘月色》这样的名篇。另一方面，则是由于他伟大的民族气节。许多人都知道朱自清宁愿饿死也不领美国救济面粉的真实故事。

1948年，当时的中国，百业萧条，物价飞涨，民不聊生。贫病交加的清华大学中文系主任朱自清，一家老少只是以稀粥糊口，食不饱腹。当局为缓和教授们的不满，给他们发了"面粉配给证"，凭证可购买美国援助的平价面粉。

那时，有爱国人士带头写了一份拒绝美国救济面粉的声明书。当他们准备让朱自清在上面签名时，还是犹豫了，因为他们知道当时朱自清家有9口人。全靠朱自清微薄的工资养活，非常困难，劝他不要在上面签字，但朱自清还是毫不犹豫地在声明书上写下了"朱自清"三个字。

此前朱自清就已因胃病复发卧床不起多日。1948年8月上旬，朱自清先生病情恶化，入院治疗无效。8月12日，朱自清因药石罔效不治逝世，终年仅50岁。临死之时，朱自清还叮嘱妻子，告诫其不能领取美国的救济面粉，体现了一个中国人伟大的民族气节与尊严。

他们都是在民族大义之前选择勇为的人，他们不顾个人，勇于反抗，为人民而战，都是可以称之为大勇之人。

　　孔子认为："仁者必有勇，勇者不必有仁。"意思是说，有仁德的人一定会很勇敢，但是勇敢的人不一定有仁德。这句话表达了"仁"与"勇"的关系。有仁爱之心的人一定会见义勇为、舍生取义，这才是真正的"勇敢"；而某些看起来勇敢的人，却不一定都是为"义"而勇，也许只是意气之勇，在他们的心中未必有仁爱之情。

　　而前面我们已经提到过的"仁者不忧，知者不惑，勇者不惧"，则是孔子认为君子应该具备的三种品质，也是一种完美的人生境界。有仁德的人能够宽厚爱人，所以无所忧虑；有智慧的人能够辨明是非，所以不会迷惑；有勇气的人能够临难不惊，所以无所畏惧。一个人具有这三者中的一种品质已属难得，三者兼备，更是不易。孔子坦言自己也没能做到，不过他的学生子贡却说这是"夫子自道"，意思是说这是孔子的自我描述。在孔子学生的心目中，孔子就是仁、智、勇的化身，如果连他都不具备这三种品质，那谁还能做得到呢？

　　见义不为非君子，亦非仁勇之人。面对应该挺身而出的事情而不敢去做，是怯懦的表现。这句话表达了"义"与"勇"的关系。其实，见义不为不仅是怯懦的表现，而且是十分可耻的事情；相反，见义勇为则是十分光荣的事情。为了使社会风气变得更好，应该提倡见义勇为的精神。在中国传统文化中，仁义礼智信被认为是做人最基本的前提。历代不少仁人志士践行这样的原则，使自己、国家渡过危机。现代社会，人们更应该注重这些美德，仁义、勇敢、守信都应该是社会进步的标尺。

不离不弃显仁义

子曰：君子笃于亲，则民兴于仁，故旧不遗，则民不偷。

【古句新解】

孔子说："在上位的人如果厚待自己的亲属，老百姓当中就会兴起仁的风气；君子如果不遗弃老朋友，老百姓就不会对人冷漠无情了。"

自我品评

什么是友情？什么是道义？按照它们的标准来行事，就是即使死也不应当躲避。当然，这规矩是古人定的，对今天的人来讲或许有点"苛刻"。但无论如何，对朋友应该做的事情，还是应该尽量不要偏离道义。不离不弃，以义相报，患难相待，才能称得上是真正的友谊，才能称得上仁义。

战国时，齐相靖郭君门下有一位门客叫齐貌辨。这个人毛病很多，除靖郭君外，其他的门客都不喜欢他。门客士尉为这件事劝谏靖郭君，但是靖郭君不听，于是士尉离开了靖郭君的门下。孟尝君私下也为这事劝说过靖郭君，靖郭君大怒说："就算把你们都杀死，把我的家拆得四分五裂，只要能让齐貌辨先生满足，我也在所不惜！"他让齐貌辨住在上等客舍，让自己的长子侍奉着。

过了几年，齐威王死了，齐宣王即位。靖郭君为人处世的方法很不为宣王赞许，他被迫辞官，回到封地薛邑居住，依然跟齐貌辨在一起，在薛地住了没多长时间，齐貌辨向靖郭君辞行，请求让他去拜见宣王。靖郭君说："大王不喜欢我到极点了，您去肯定遭到杀害。"齐貌辨说："我本来就不是去求活命的。但是我一定要去!"靖郭君劝不住他，只好答应他去见齐宣王。

齐貌辨到了齐国都城。齐宣王听说了，非常生气地等着他。齐貌辨拜见了宣王，齐宣王说："你就是靖郭君言听计从、非常喜爱的那个人吧?"齐貌辨回答说："喜爱是有的，至于言听计从那是根本谈不上。有两件事说给大王您听听，您就知道了。一件事是，大王做太子的时候，我曾对靖郭君说：'太子耳后见腮，下斜偷视，相貌不仁，这种人会违背常理而行事，不如废掉太子，改立卫姬的幼子校师。'靖郭君流着泪说：'不行。我不忍心这样做。'如果靖郭君当时听从我的话并这样做了，一定不会有今天的祸患;第二件事是，靖郭君回到封地之后，楚相昭阳请求用大于薛地几倍的地方交换薛城。我劝他说：'应该答应他。'靖郭君不同意，说：'我是从先王那里继承的薛地，现在虽然被后王所厌恶，但是我忠于先王的心依然没有变，我要是把薛地换给别人，又怎么对得起先王呢?'这两件事就足以证明靖郭君对您的忠心。"

齐宣王听后长叹，神情激动地说："靖郭君对我竟爱护到这样的地步，我年龄还小，这些都不知道。您愿不愿意替我把靖郭君请回来呢?"

齐貌辨回答说："好!"于是，靖郭君回到国都，穿着齐威王所赐的衣服，戴着齐威王所赐的帽子，佩带着齐威王所赐的宝剑。齐宣王亲自来到郊外，流着眼泪迎接靖郭君，并请他出任齐国宰相。

真正的朋友，不仅会在关键的时候挺身而出，而且在任何时候都是值得信赖，以心相托的。重情重义，不忘故交，一直是我们民族的优良传统，也是一种值得让世人继承和发扬的精神。历史上有许多这样的有义之士，他们的行为，直至今日依然让人感动不已。

东汉有一位名叫荀巨伯的人，有一天得到加急的信件，说一位朋友得了重病。朋友远在千里之外，故荀巨伯赶了好几天的路程。可是他到达友人所住的郡地时，却发现此地已经被胡人围住了。他不顾一切潜入城去探望朋友，朋友对他说："谢谢你在这个时候还来看望我。现在城已经被胡人围住了，看样子是一定守不住了。我是一个快死的人，城破不破对我来说已经无所谓。你没有必要留在这里，趁现在还能想办法，你赶快走吧!"荀巨伯立刻说："你这是什么话! 朋友就是有难当共为，现在大难临头，你却要让我扔下你不管，自己逃命，我怎么能做这种不义之事?"

城破之后，胡人一路打进来，挨家挨户地搜查，但见家家户户凌乱不堪，人全逃走，却只有一幢院子井然。于是进去，见到了安坐的荀巨伯，大发威风说："我们大军到处，所向披靡，你是什么人，竟敢不逃，难道想独当出头鸟?"

荀巨伯对他们说："你们误会了。我不是这城里的人，来这里只为看望我一个住在这里的朋友。现在朋友病重，危在旦夕，我总不能因为你们来了就丢下他不管。你们如果一定要杀的话，就请杀我，不要杀死我这位没有办法逃跑的朋友。"胡人听了大为震惊，相顾无语。过了许久，有一位头领看了看手中的大刀，说道："看来，我们是一群根本不懂得道义的人了。像我们这样的人，怎么可以在这样一个崇尚道义的国家里胡来呢? 撤兵吧!"胡人因此撤兵了，一郡得以保全。

春秋晚期吴国有一位义士叫季札，有一次他出使路过徐国，顺便看望老朋友徐君。徐君见他佩带着一口极精美的宝剑，非常喜欢，可是又不好意思向他开口。季札看出了他的心思，但是考虑到还要佩此剑出使别的国家，也就没有主动挑明。等他出使回来，再过徐国看望徐君时，徐君却不幸得病死了。季札特别悲伤，于是他把宝剑解下来，挂在了徐君墓前的树上。

季札的随从感到奇怪，问他："徐君已经死了，这宝剑挂在这里是给谁的呢?"季札对他们说："徐君活着的时候，很喜欢这把剑，我心里明白他的这个意思，而且已经在心里做了把这把剑赠给他的承诺。

现在不能因为他已经去世，看不到我的赠予了，就违背我的心，忘记情义啊!" 季札挂剑安抚知己的事情渐渐地传扬开了，大家都赞扬季札是一个讲义气重感情的君子，于是不少名贤不远千里来投帖拜结，将他当做自己的朋友。

齐貌辨、荀巨伯、季札等人重情义的行为，在今天看来，已经让人觉得遥远而不可即。其实不管时代怎样发展，社会怎样进步，人与人之间的可贵情感是亘古不变的，它可以穿越时空，给世界带来无穷的温暖和感动。这种大义的精神和行为，在我们的这个时代，或许已显得非常的稀少缺乏，但正因为是这样，也更加值得我们呼唤和弘扬。

不离不弃显仁义。孔子说 "故旧不遗" 这句话的时候，子路、子贡、宰我早就已经各自奔赴前程，而且颜渊已病死了。这时他深深地怀念他们当年和自己共患难的时光。孔子这种不忘旧情的心怀，其实正是这个世界上的美好感情的一种——重情重义、不忘旧交的情义。一个真正的君子，不管其事业前程有多么成功辉煌，都不会抛弃故旧亲人，忘记自己的过去，否则不仅仅是背叛了自己，也说明了他从此走上了重功利、轻情义的庸俗浅薄的处世之道。可惜的是，现在这条道路上，已经变得拥挤不堪了。

仁者安仁，知者利仁

【原典】

子曰：不仁者不可以久处约，不可以长处乐，仁者安仁，知者利仁。

【古句新解】

孔子说："没有仁德的人不能长久地处在贫困中，也不能长久地处在安乐中。仁人是安于仁道的，有智慧的人则是知道仁对自己有利才去行仁的。"

自我品评

美好的品质不光是一张人生的通行证，在很多时候，它所显示出来的力量，远比强硬的武力更有作用。

唐代宗广德二年 (764)，朔方节度使仆固怀恩反叛，他勾结回纥、吐蕃等民族的军队共二十多万人，气势汹汹地杀入大震关 (今甘肃清水东)。途中仆固怀恩暴死，回纥和吐蕃的军队继续东进，一度攻入京都长安。唐代宗命长子李适为元帅驻守关内，命老将郭子仪为副帅，率兵赶往咸阳抵御敌人。

在平定安史之乱时，郭子仪曾与回纥人建立了友好的关系。他勇敢善战，身先士卒，回纥人十分敬佩，都称他为"郭公"。因此，郭子仪决定利用这种友好关系拆散回纥与吐蕃的联盟，把回纥拉到自己这边，共同对付吐蕃。于是，郭子仪派部将李光瓒去"拜访"回纥头领药葛罗。药葛罗得知郭子仪来了，十分惊异，因为在出兵前，仆固怀恩告诉他郭子仪已经死了，现在怎么突然来了呢？因此，他提出要见见郭子仪。

回到军营后，李光瓒将药葛罗的话转告给郭子仪。郭子仪立即决定亲自到回纥军营去跟药葛罗见面"叙旧"。郭子仪的儿子和众将领纷纷劝说他不能去冒险，并说："即使去，最少也要带数百精兵做护卫，以防不测。"

郭子仪笑着说："以我们现在的兵力，绝不是吐蕃和回纥的对手；如果能说服回纥退兵，或者能使其与我们结盟，那就能打败吐蕃。因此，为了国家冒这个险，我看值得！"说罢，他只带领几名骑兵向回纥军营进发，同时派人先去那里报信。

药葛罗及回纥将领听说郭子仪要来了，都大惊失色。药葛罗唯恐有诈，命令部队摆开阵势，他本人则弯弓搭箭立于阵前，时刻准备战斗。郭子仪远远望见，索性脱下盔甲，将枪、剑放在地上，独自骑马走上前去。药葛罗见来者果然是郭子仪，便立即率领众将跪迎郭公入营。郭子仪见状，慌忙下马，将药葛罗及众将扶起，携手进入回纥军营。

最后，双方化干戈为玉帛。郭子仪凭着自己的大智大勇，未动一刀一枪，就将"劲敌"回纥化为朋友，又借助回纥人的力量打败了吐蕃，捍卫了大唐的疆域。

邓训是东汉人，太傅邓禹的儿子。史书上说他"少有大志，乐施下士"，所以，在他身边聚集了很多士人。那时，在今天的甘肃、青海一带，居住着很多的少数民族。为了让这些少数民族听命于朝廷，朝廷专门在这一带设置了护羌校尉，对当地的少数民族进行管理。后因护羌校尉张纡不懂得怎样安抚当地羌人，为震慑羌人，张纡诱杀了羌人首领迷吾，终激起他们的反抗。他们原来相互仇视的部落在反朝廷的目标下统一起来，一致对外。一时间，反抗朝廷的羌人竟达到四万多人。东汉的西北部地区形势日益严峻，在这种情况下，东汉朝廷决定由邓训替代张纡做护羌校尉。

邓训刚上任，刚巧赶上羌人首领迷唐率兵前来进攻。迷唐是迷吾的儿子，他是为父报仇心切，所以率先前来。当时在边塞之内，还住着许多小月氏胡人，他们善于骑马，而且强健善战，与羌人打仗，常常能以少胜多。这些小月氏胡人有的时候也反抗朝廷，有的时候又被朝廷所用。迷唐率一万多骑兵来到城外，不敢直接攻打邓训，所以准备先攻打小月氏，将其制服后，再胁迫他们一起攻打邓训。

邓训看透了迷唐的用意，便派人安抚小月氏胡人，不让他们与羌人交战。部下很多人都对此十分不解，有的人找到邓训，对他说："现在羌人和胡人自相残杀，应该先让他们互相损耗，这对朝廷是有利的。等到他们消耗得差不多了，我们就坐收渔翁之利，这正是以夷伐夷的好机会啊。"邓训说："不对。现在是因张纡失信于羌人，导致他们兴兵前来。朝廷只能屯兵聚众，以备羌人。为屯兵备战，我们不得不竭尽财力以维持运输费用，形势十分紧急，我们需要小月氏胡人的全力支持。以前，胡人之所以不全力为朝廷作战，就是因为朝廷对他们的恩泽不够深，信任不够厚。现在，小月氏胡人处于困境，我们应该借此机会对他们施以恩德，使他们为我所用。"

于是，邓训便命人打开城门，腾出许多房子，将小月氏胡人的家眷全部接进城里，安排住处，并且派兵严加守卫。羌人在城外掠无所获，又见胡人已无后顾之忧，便不敢与之开战，只得撤兵而去。于是，小月氏胡人对邓训感恩戴德，他们说："以前的朝廷官员只是把我们当成打仗的工具，根本不管我们的疾苦。现在邓大人对我们施恩并且讲信用，开城门接纳我们的家眷，让我们父子母女相安，我们怎能不为朝廷尽心尽力！"

后来，邓训凭借这支胡人的力量，使西北地区得到了安定。

邓训之所以能成功地安抚边关，关键在于他不仅通晓信任与恩德可以在任何地方感化人心、化解怨恨，而且还采取积极有效的怀柔政策，不战而屈人之兵。正如孙子兵法所言，战争的原则是，使敌人举国降服是上策，用武力击破敌国就次一等；使敌人全军降服是上策，击败敌军就次一等；使敌人全旅降服是上策，击破敌旅就次一等。所以，百战百胜，算不上是最高明的；不经交战就降服全体敌人，才是最高明的。

见得思义亦为仁

子曰：见得思义。

【古句新解】

孔子说："获取财利时，要思考是否合乎义的准则。"

自我品评

　　人的自私本性决定了人的行为，大多数人的所作所为都是从自己的利益出发。但是一部分人因为权势或际遇而觉得自己可以没有任何顾忌地去追逐私利，从而走向骄横奢华，以致最后因为私心无度而引火烧身；又另有一些不愧是君子的人，任何时候都能自律有度。他们不光一生平安顺达，而且还能够创建功业，留下美名。

　　齐襄公二十八年，齐国的权臣庆封到吴国，集合他的家族居住下来，聚敛的财物比原来更加丰盈。当时的子服惠伯对叔孙穆子说："上天大概是让淫邪的人发财，这回庆封是又富了。"穆子说："善人发财叫做赏赐，淫邪的人发财叫做祸患，上天会让他遭殃。"昭公四年，庆封被楚国人杀死了。以前他的父亲庆克曾经诬陷鲍庄，当时庆封正在策谋攻打子雅、子尾，事情被发现，姓崔的人叛变了，庆封的儿子舍庆封逃到吴国（这里说的子雅、子尾是齐国的公子）。同一年，齐国崔姓叛乱，子雅等公子们都失散了，等到庆氏灭亡后，齐王又招回了这些公子们，于是他们就都各自回到了原来的领地。叛变的事件结束后，齐王赏给晏子邶殿的 60 个乡邑，他没有接受。

子尾说："富有是人人都想得到的，可是你为什么偏偏不要呢？"晏子回答说："庆氏的城池多得能够满足他的欲望，可他还贪而不忍，所以灭亡了；我不需要更多的城池用以满足自己过分的欲望，不要邶殿并不是拒绝富有，而是害怕失去富贵。因为富贵就像布帛那样有边幅，应该有所控制，让它不至于落入人手。"这是说富人不能随意增加财富，否则将会自取灭亡。

对于贫寒清苦的生活，有些人以为很苦，而不少名士、隐士则有他们不一样的见解，从中也可以看到他们把忍受清贫的生活当成了一种修身养性、战胜人性中贪欲的一种方法。他们不以这样为苦，反以这样为快乐。

孔子关于"谋道不谋食"，"忧道不忧贫"的主张，并不是对人的空头说教，可以说这是他从自身的人生经验中总结出来的生活准则。放眼孔子的一生，应该说他是"谋道不谋食"、"忧道不忧贫"。他自己曾经说过："德之不修，学之不讲，闻义不能徙，不善不能改，是吾忧也。"就是这句话，足以概括孔子当时忧天下、忧国家、忧民族、忧文化的复杂心情。

孔子饱蘸着蕴涵丰富人生哲理的甘苦浓汁，不仅鞭策着自己孜孜不倦地追求着人生理想，还启迪着后人为国为民贡献自己的才华以至热血。

千古名篇《岳阳楼记》，不仅深刻地表达了作者"不以物喜，不以己悲"的豁达情怀和"先天下之忧而忧，后天下之乐而乐"的伟大政治抱负，同时也充分展现了作者崇高的人格和宽广的胸怀。

《岳阳楼记》的作者范仲淹，字希文。是唐朝宰相范履冰的后代。他的祖先原是西邻州人，后来迁往江南定居，就成了苏州吴县人。

范仲淹刚两岁的时候，父亲便去世了，母亲改嫁到甾州长山县朱家，他也就跟着姓朱，名叫朱说。范仲淹在少年时代就非常有志气，当他长大后，知道了自己的身世的时候，深感悲苦，于是流着眼泪，毅然辞别母亲，离开长山，独自前往应天府，投靠到同文的门下学习。

他昼夜不停地苦读，冬天疲乏至极的时候就用凉水洗脸，来驱除倦意。他的食物不充裕，所以不得不靠喝粥来度日。后来范仲淹通过科举考试成为了进士，被任命为广德军的司理参军，这时他把母亲接来赡养侍奉。调任集庆军节度推官后，便恢复了原来的范姓，又调移楚州粮料院作监。每每参与政事，他就上书朝廷，提出了一系列建议：选择贤明的人任州郡长官；举荐有成绩的人当县令；扫除社会上的游散懒惰势力；裁汰冗员并取缔过度奢侈；严格选举制度，培养将帅以加强边防等。

范仲淹熟读六经，尤其以《易经》为擅长。很多学习儒家经典的人，都来向他请教、问业，他捧着经书为人们讲解，从来不知疲倦。他还曾经用自己的收入购买饭食，供给前来求学的各地游士，以致于自己的孩子们衣履都不整齐，出门的时候不得不轮流更换一件较好的衣衫，而范仲淹对此竟处之泰然。每当谈论起天下大事来，他都慷慨激昂，当时在士大夫之间逐渐形成的注重品格修养和讲究节操的风尚，正是在范仲淹的影响和倡导下开始的。

天圣七年，范仲淹因为上书谏请刘太后把朝政权利还给宋仁宗，被迫受命离京，到河中府去做通判，后来又被调到陈州做通判。他虽然由京官沦为郡官，但还是关心朝政，劝说朝廷体恤民情，勤政爱民的热情不减。那时候，朝廷正从陕西征购木材，运往京师，建造太一宫和洪福院。范仲淹上奏说："不久以前，昭应宫、宁寿观接连毁在了火灾，上天的惩戒过去才不久，现在又大兴土木、破费民产，这可不是顺人心、合天意的事情，应该马上停止修建寺观，减少征购木材的数量，以及免除民间在这方面的欠债。"又说，"受到宠幸的人，没有经过有关部门的任命手续，便纷纷由皇宫里直接降敕授官，这不是太平之象。"这意见虽然没有被采纳实行，但宋仁宗却也不得不承认范仲淹心地忠诚。

范仲淹为人正直，刚正不阿，所以慢慢与宰相吕夷简不和，又因为他屡次上书，批评朝政，惹得皇帝不高兴而将他再次贬出京城，后来又调任陕西路永兴军的知军州事。对于个人的升迁去留或褒或贬，范仲淹从不计较。在新任上，他依然积极整顿军备，训练队伍，改变战略，厮杀疆场，并加以安抚，没有几年工夫就使西线边防稳定了下来。

范仲淹年幼的时候家中十分贫困，后来官做到龙图阁大学士，虽然富贵了起来，但没有宾客在场时，一餐仍然不吃两份肉菜。妻子儿子的衣食，也是只刚够吃用。然而，他喜欢将自己的钱财赠送给别人，还在家乡创置了"义庄"，用来赡养和救济本宗族那些无依无靠的人。他待人处世十分亲热敦厚，并且乐于替人家办好事。当时的贤士，很多都是在他的指导和提拔下成长起来的。他处理政事，最讲究的是忠厚二字，所到之处，大多有惠民的德政。邻州和庆州的百姓，与那些归附宋朝的羌族人民，都画了他的肖像，给他立生祠来纪念他。到他逝世时，各地听到噩耗的人，都为之叹息。羌族首领数百人聚众举哀痛哭，戒了三天斋才渐渐散去。后人在他的墓碑上铭刻"廉洁俭约，克己奉公，直言尽职，利泽生民"话语。

范仲淹正是以这种倡导和践行"先天下之忧而忧，后天下之乐而乐"的精神，在封建社会的官场上树起了一座风尚之碑，也开拓性地注释了"谋道不谋食，忧道不忧贫"的真正含义。

在中国古代，不知有多少人，在大义面前放弃了大利，为了自己的人格尊严，为了自己的道德准则，为了一个理想的社会，宁肯过着贫穷的生活，也不改变自己孜孜以求的志向，视富贵如浮云，安贫乐道。这种精神，即使在今天看来，也是光辉崇高的，非常值得我们去继承、发扬和借鉴。

超越生死行仁道

【原典】

子曰：志士仁人，无求生以害仁，有杀身以成仁。

【古句新解】

孔子说："至善之士、仁爱之人，不会为了求生而伤害仁义之道，反而为了维护仁义之道，牺牲性命也在所不惜。"

自我品评

人们经常说"杀身成仁，舍生取义"。"杀身成仁"就来自孔子说的这句原文，而"舍生取义"见《孟子·告子上》："生，我所欲也；义，亦我所欲也。二者不可兼得，舍生而取义者也。"

孔子认为，人生的意义就在于按照自己的方式去生活，去实现仁者的境界，即爱人、爱物。人性就在这个过程中体现出来。当一个人真正能够理解、尊重、诚爱他人，善待万物的时候，他就真正实现了一个人的人性升华，承担了他的人生使命。这是人之所以为人的意义、价值和责任。

孔子的信心和实践的勇气来自对自己事业合于仁道的信念，不能凭己之力实现，也要尽自己的一份光和热来照彻后世，启迪后人。实际上，孔子的精神也熏陶出了一代又一代的中华国魂。比如，"鞠躬尽瘁，死而后已"的诸葛亮；"留取丹心照汗青"的文天祥；"无欲则刚"的林则徐……这些历代名臣都有一颗为国家天下负责到底的心，故能如此坦然地对待荣辱和生死。

孔子反复强调人要有仁德、有人性，才好做人。就人而言，人的意义就在于人的活法——人生使命的完成，道德修养的成就，而不是他的寿命长短、饭量大小，收入多少、服装新潮与否。为人即便是死，也要成就自己的人生使命，维护仁道，这就叫杀身成仁，舍生取义。

岳飞幼年丧父，由母亲养育成人。传说其母曾在他的背上刺"精忠报国"4个字，让他铭记国仇家恨。

1124 年，21 岁的岳飞从军，为宗泽部下，屡建战功，他曾经以寡敌众，以 800 岳家军大破 15000 金兵，声名大噪。1126 年，发生靖康之变，金兵攻破开封，北宋灭亡。1134 年，岳飞首次伐金，收复襄阳、信阳等 6 郡。1136 年岳飞率军再次北伐，占伊阳、洛阳，后因孤军作战而被迫撤回鄂州。岳飞在这次北伐中壮志未酬，写下千古名篇《满江红》。1140 年春，金兀术南侵，岳飞出兵大破金兵，收复郑州、洛阳，兵临朱仙镇 (今河南开封南 20 公里)，直逼金国首府汴京。岳家军士气高昂，高喊"直捣黄龙"。主和派秦桧向宋高宗献计，连发 12 道金牌召回岳飞。岳飞退兵前，长叹："十年之功，毁于一旦! 所得州郡，一朝全休! 社稷江山，难以中兴! 乾坤世界，无由再复!"

结果，岳飞的北伐因为政治原因而失败。之后，岳飞父子被秦桧以谋反的罪名逮捕审讯。由于找不到证据，最终秦桧以"莫须有"的罪名，于 1142 年除夕之夜，在杭州大理寺风波亭杀害了岳飞。

岳飞虽然被杀害了，但他精忠报国的业绩是不可磨灭的。正是他，表达了被压迫民族的要求，坚持崇高的民族气节，在处境危难的条件下，坚持了抗金的正义斗争，并指导爱护人民的抗金力量，联合抗金军民一道，保住了南宋半壁河山，使南中国人民免遭金统治者的蹂躏，从而保住了高度发展的中国封建经济和文化，并使之得以继续向前发展。

真正的志士仁人，为了"仁义之道"，会有"虽千万矣，我独往"的勇气和决心。他们所维护的，是天地之正气、人间之正道，他们才是真正无怨无悔的"英雄"。司马迁说："人固有一死，或重于泰山，或轻于鸿毛。"人生中，生死问题总是无法逃避的"自古艰难唯一死"。一个人如果认识到这一步，那他也就获得了一种对于生活本身的超越性理解，也就变得从容而不是患得患失了。他会坦然面对生活中的种种遭遇，细细体会生活的乐趣。

人总是要生活的，生命的意义不在于活得怎么样，而在于怎样活着。学会做人，是人生的第一堂必修课。做人得仁，仁者爱人。人生在世，总要有所收获才会安然离世吧。唯有这样做，你的人生才是最值得回味的人生，永远如春日般美妙的人生。

与孔子的人生观不同的接舆、长沮、桀溺等避世的隐士，他们其实不是不关心国家天下大事，而是太过于关心，以致在时代已无可挽救时走开了，把自己置于事外。他们以另外的方式希望国家太平，希望老百姓过好日子。做隐士的人多信奉道家，以"因应顺势"为自己立身处世的原则。对儒家的"学而优则仕"的精神，他们是不以为然的，以为这样无法真正对社会有所贡献。隐士以为天下滔滔，时代到了末路，不可能兼济天下，只有来个独善其身，保存实力，以期世风改良而有为于天下。所以他们把孔子周游列国，在不可为之世推行仁道看作是不明智之举，因为这可能行仁政不成，反遭杀身之祸，既不能平天下、造福于黎民，反而空耗了社会精英，少了将来的忠臣，这样只身不能挡滔天洪流，倒不如待潮退浪落，风平浪静时再扬帆远行。隐士们对孔子或惋惜或讽劝，正是出于这个理由。

但是，孔子以为为人就须行仁，就得立于世间，为人类尽力，这是人之为人的责任，不可逃避。世事纷乱，纲常败坏，百姓涂炭.如果做隐士逃避时代，只显示出没有面对现实的勇气，无仁人之心，把自己混同于鸟兽。

人是一个社会产物，不与社会接触，忘了社会秩序和形态，已不是真正的人了。况且，做个"避世之士"，干净地抛弃这个时代，这是不可能的。我们只有肩负起恢复社会秩序的责任，以天下兴亡为己任，这才符合为人之义。孔子乐意忍受磨难和别人的误解，为明知不可为之事、把自己贡献给国家天下，心系天下苍生，行仁人之义。

第十章 非礼不立

——孔子原来这样说礼仪

中国自古就是礼仪之邦，像"礼尚往来"，"非礼勿视，非礼勿听，非礼勿言，非礼勿动"等等都说明了这点。我们甚至可以说，人无礼不足以立身。不管是对长辈、上司，还是对朋友、陌生人，礼貌待人，有礼有节，不仅能显示出你的品位，更能让你赢得好人缘。从大的方面来说，国家的治理也离不开礼仪，隆礼贵义者其国治，简礼贱义者其国乱。

礼让三分皆欢喜

【原典】

子曰：君子无所争，必也射乎！揖让而升，下而饮，其争也君子。

【古句新解】

孔子说："君子没有什么可与别人争的事情，如果有的话，那就是射箭比赛了。比赛时，先相互作揖谦让，然后上场。射完后，又相互作揖再退下来，然后登堂喝酒。这就是君子之争。"

自我品评

在古代，虽然说是刑不上大夫，礼不下庶人，但礼让作为一种品质，是人们所应当遵从的。礼让不仅仅是一种修养，更是一种做人的豁达与谋略。

汉惠帝时，陈平任丞相。惠帝死，吕后当政，诸吕专权，皇族转弱，文武官员及百姓大不满诸吕的统治。陈平看到吕氏专权所潜伏的巨大危机，虚与委蛇，他既不得罪吕后，也绝不依附诸吕，因而称病不理朝政。陈平害怕谗言中伤，坚决请求留在宫中宿卫，得到吕后允许，但仅被授以有职无权的郎中令，主要任务是辅助教导皇帝刘盈。

陈平担任郎中令后，对朝中刘氏家族与吕氏外戚之间的斗争似乎视而不见，只是全力辅导皇帝。陈平的这副兢兢业业、恪尽职守的忠臣形象，不仅得到惠帝的信任，而且也博得了吕后的欢心。因此，当曹参去世后，王陵担任了右丞相，陈平担任了左丞相。不过，吕后始终对足智多谋、屡划奇策的陈平放心不下，直至听到吕媭几次三番地反映陈平"为丞相不治事，日饮醇酒，戏妇人"（《陈平传》）的话，方才心中暗喜。吕后宽慰陈平尽管放心，表示自己决不会听信吕媭关于陈平的坏话。陈平此后更加纵情酒色，示吕后一副胸无大志的样子，完全打消了吕后对他的戒备之心。

惠帝死后，吕后想立吕氏族人为王，先试探右丞相王陵意见，为人少文任气、憨厚鲁直的王陵坚决反对，重申高祖刘邦所立白马之盟："非刘氏而王者，天下共击之。"吕后十分恼怒，又转而问陈平、周勃，二人表示："高帝定天下，王子弟；今太后称制，欲王昆弟诸吕，无所不可。"吕后越发高兴。但这却激怒了王陵，王陵愤怒叱责陈、周二人，背叛白马之盟的行径。陈平从容道来："于面折廷争，臣不如君；全社稷，定刘氏后，君亦不如臣。"这一表态，充分显示了陈平对保全刘氏江山斗争的严峻性、复杂性已有清醒的认识，也表现出陈平政治上的成熟稳定，以及对除吕安刘的百倍信心。铮铮铁言，掷地有声。

吕后死后，他与周勃（周勃当时为太尉）等大臣谋诛诸吕而立文帝，重新巩固西汉政权，并再度出任丞相，直到病死为止。在刘邦大杀功臣，弄得人人自危之时，在吕后当政、诸吕专权之际，宫廷矛盾极其尖锐复杂，王侯将相稍有不慎，便有掉脑袋的危险。而陈平能够顺利地战胜一切风浪，躲过险滩暗礁，其立身处世谋略之高明，不能不令人佩服。陈平比之张良可谓要幸运许多，张良最后不得不以"随赤松子游"为名逃避潜在的危险，且最后也算是郁郁而终。陈平则老谋深算，以退为进，始终不曾被打倒。陈平事高帝、吕后、文帝，称贤相，亦得善终。

与礼让对应的是争，"争"是实现人与人之间有效交流的必要手段。所以孔子说，即使要争，也是彬彬有礼地争。这反映了孔子和儒家思想的一个重要特点，即强调谦逊礼让而鄙视无礼不公正的竞争。

没有竞争就没有进步。但是，光有竞争，没有公正，就是兽类法则在人间的延续。竞争与礼让不是一对根本对立的矛盾，我们既要讲竞争，又要讲协作礼让，如果把社会竞争理解成对人就要冷酷无情，不择手段，连在生活中起码应具备的对人谦让、礼貌、守信等美德都摒弃掉，这样的人可能会争得一时之利，但却不可能长久地良好发展。

在社会竞争中，需要抢抓机遇，需要敢于争先，但并不意味着永远绷紧一根弦，只能向前不能后退，只能争不能让，一味毫无策略地硬争硬抢。盲目地争强好胜，总有一天要崩断弦的。做人能够辩证地看待竞争与礼让的关系，使竞争的原则性与礼让的灵活性很好地结合在一起。在激烈的社会竞争中进退自如，做到该争则争，该让则让，而不是把竞争绝对化，变成毫无人情味、毫无道德感的你死我活的争斗。竞争要光明正大，以正确的态度、正确的方法来谋求进取，搞阴谋诡计的人都难以成大气候，最终将会落得不堪收拾的下场。

在三家分晋以后，韩、赵、魏三家中数魏国的势力最强大，魏惠王野心勃勃，学秦国招揽人才，封庞涓为大将，让他训练兵马，图谋称霸。

庞涓是高人鬼谷子的学生，与苏秦、张仪、孙膑是同学，果然本领超强，不断向卫、宋、鲁等国进攻，连打胜仗，弄得三国齐来拜服。东方的大国齐国派兵来攻，也被庞涓打了回去。从此魏王就更信任他了。

庞涓的同窗孙膑德才兼备，是个少见的人才。尤其是从老师鬼谷子那里得到了祖先孙子的十三篇兵法，更是智谋非凡。他听说庞涓已在魏国做了大官，就到魏国，先见了庞涓，又见了魏王。一谈之下，魏王就知道孙膑才能极大，想拜他做副军师，协助军师庞涓行事。庞涓听了忙说："孙膑是我的兄长，才能又比我强，岂可在我的手下。不如先让他做个客卿，等他立了功，我再让位于他。"在当时客卿没有实权，却比臣下的地位高。孙膑还以为庞涓一片真心，对他十分感激。

庞涓原以为孙膑一家人都在齐国，孙膑不会在魏国久留，就试探着问他："你怎么不把家里人接来同住呢?"孙膑说："家里的人都被齐君害死了,剩下的几个也已走散,不知何处寻找。哪里还能接来呢?"庞涓一听傻了眼,如果孙膑真在魏国呆下去,自己的位置可真要让给他了。

半年以后,一个齐国人捎来孙膑的家书,大意是哥哥让他回去,齐国也想重振国威,希望孙家的人能在齐国团聚。孙膑对来人说:"我已在魏国做了客卿,不能随便就走。"并写了一封信,让他带回去交给哥哥。

孙膑的回信竟被魏国人搜出来交给了魏王。魏王便找来庞涓说:"孙膑想念齐国。怎么办呢?"庞涓见机会来了,就对魏王说:"孙膑是大有才能之人,如果回到了齐国,对魏国十分不利。我先去劝劝他,如果他愿意留在魏国。那就罢了,如果不愿意,那就交给我来处理罢。"魏王答应了。

后因庞涓借机从中陷害,孙膑获罪,然而孙膑却不知庞涓的阴险狠毒。

孙膑脸上刺了字又被剔去了膝盖骨,从此只能爬着走路,成了终身残废。庞涓对孙膑的生活倒是照顾得很周到,孙膑觉得靠庞涓生活过意不去。就主动提出要替庞涓做点什么。庞涓说:"你那祖传的十三篇兵法,能不能写下来,咱们共同研究。"孙膑想了想就答应了。

由于孙膑只能躺在那里用刀往竹简上一个字一个字地刻,所以每天只能刻十几个字。这样一来,庞涓沉不住气了,就让手下一个小厮去催孙膑快写。小厮见孙膑可怜,便不解地问服侍孙膑的人说:"庞军师为什么死命地催孙先生快写兵法呢?"那人说:"这还不明白,庞军师留下孙先生的一条命就是为了让他写兵法,等写完兵法,孙先生也就没命了。"

孙膑听到了这话大吃一惊,前后一想,恍然大悟,霎时间大叫一声,昏了过去。等别人把他弄醒时,他已经疯了。只见孙膑捶胸扯发,两眼呆滞,一忽儿把东西推倒,一忽儿又把写好的兵法扔到火里,还把地下的脏东西往嘴里塞。孙膑的假痴癫之计，瞒过了庞涓。

后来，齐国国君齐威王派使臣淳于髡出访魏国，通过周密安排，把孙膑偷偷运出魏国国境。孙膑到了齐国，齐威王当即拜他为军师。不久，庞涓带兵连败宋、鲁、卫、赵等国，赵国向齐国求救。齐王派田忌为大将、孙膑为军师，使庞涓连连败北。最后，孙膑用"减灶法"引诱庞涓来追，暗设伏兵，将庞涓射死在马陵道上。

礼让和竞争是相互为用的，其目的就是为了更好地生存。礼让不是为了礼让而礼让，竞争也不是为了竞争而竞争。礼让的目的就是为了创造更好的生存环境，更和谐、更适宜的生存条件，应该说这也是竞争的目的。俗话说："后退一步天地宽。"这也是一种礼让的态度，刀对刀、枪对枪，"以牙还牙，以眼还眼"，是不能解决问题的。

礼让三分皆欢喜，一味陷害难善终。懂得礼让，互相学习，共同进步，不仅能保全自身，还可能会成就事业，流传千古；而不懂得谦虚礼让，甚至心存歹意，意欲害人，到头来的下场就可想而知了。

礼是正身正国的标准

【原典】

子曰：能以礼让为国乎？何有？不能以礼让为国，如礼何？

【古句新解】

孔子说："能够用礼让原则来治理国家，那还有什么困难呢？不能用礼让原则来治理国家，怎么能实行礼呢？"

自我品评

所谓礼，就是高低贵贱有等级之分，长幼上下有辈分之别，贫富尊卑也都各有相应的规定。德行必须与其职位相称，职位必须与其俸禄相称，俸禄必须与其政绩相称。对士大夫以上的公卿贵族，要用礼仪规范来约束其行为；对于平民百姓，则要用刑法制度来统治他们。丈量土地以分封诸侯，计算收益以养育百姓，根据人力而安排事务。要让众人胜任自己的工作，工作要有成效，要能够满足百姓的基本需求，吃饭穿衣等各种生活费用要收支相抵，还要按时贮藏一些富余的粮食财物，这才是符合礼仪制度的做法。上至天子，下到百姓，大小事情都可以此类推。所谓"朝廷中没有无功受禄之辈，百姓中没有不务正业之徒"，说的正是这个道理。

孔子认为"道之以政，齐之以刑，民免而无耻"，行政命令、刑法这些强制性的手段只能起一时的威慑作用，老百姓不会心服。如果用"德治"、"礼治"的办法，老百姓才会"有耻且格"，服从统治。孔子还特别指出"《诗》三百,一言以蔽之,曰:'思无邪'。"因为语言温柔敦厚,哀而不伤,乐而不淫,所以孔子十分重视"诗教",出于政治的需要,《诗经》往往被断章取义,比附上许多道德观念。

统治者要"为政以德",首先自己要具备良好的品德素质,礼贤下士,谦恭有礼,与下属同甘共苦,自然会得到老百姓的尊重和爱戴,同时也树立了良好的榜样。

春秋时期,秦穆公不小心把自己的一匹宝马弄丢了。那匹宝马跑到一个村庄后,被村民们抓住,但这些村民并不知道这是国君的宝马,便把它给杀了,然后把马肉分给全村人。不久,官差就发现了是那帮村民把秦穆公的宝马给吃了,于是就把全村的村民都抓起来。秦穆公知道后说:"放了他们吧,怎么能够为了一匹马而去杀人呢?"不仅如此,还送来好酒给他们喝,并说:"吃了好马的肉,必须喝好酒。"村民们都很感激他,并牢牢记住了他的恩德。后来,晋国攻打秦国,秦穆公被晋国的军队团团围住。就在这危急的时刻,那些当初受过秦穆公恩惠的村民,自动自发地组成敢死队,他们冲进了晋国军队的包围圈,勇猛地杀敌,最后不但把秦穆公给救出来,还顺手把晋国的国王也给俘虏了。

战国时,齐宣王召见了一位叫颜蠋的名士,颜蠋刚上殿来,齐宣王就傲慢地说:"蠋,走到我面前来!"颜蠋也说:"大王,走到我面前来!"宣王不高兴,左右的人更是哗然:"大王是一国的君主,你怎么可以这样说呢?"颜蠋答道:"我走向前去是贪慕权势,大王走到我面前来是礼贤下士。与其让我做一个贪慕权势的人,不如让大王做一个礼贤下士的君子。"

孔子说:"用礼教来统治老百姓,就好比用缰绳来驾驭马,驾马者只需要握住缰绳,马就知道按驾马者的意思行走奔跑。用刑法来统治老百姓,就好比不用缰绳而用鞭子来驱赶马,那是很容易失去控制的,甚至会把驾马者摔下来。"

卫文子问道:"既然如此,不如左手握住缰绳,右手用鞭子来驱赶,马不是跑得更快吗,不然的话,只用缰绳,那马怎么会明白你的意思呢?"

但孔子还是坚持说，只要善于使用缰绳，驾驭的技术到家，就没有必要用鞭子来驱赶。

从孔子与卫文子的这段对话中，我们可以看出这实际上说的是儒家与法家的区别：儒家主张德治，以道德和礼教约束民众；法家主张法治，以政令、刑法驱遣民众。德治侧重于心，法治侧重于身。而卫文子的看法，则是德治、法治兼用，儒、法并行。如果从实际出发，考察历史和现实，我们会发现显然还是卫文子的主张比较行得通一些。只是孔子针对当时法家的"法治"路线，提出了"为政以德"。

要修正礼义以整饬朝廷，一统君臣；严肃法纪治理文武百官，一统政务；政事公平以裕民惠民，一统百姓。这样，君民同心同德，上下齐心协力，才能保持国家的独立和兴盛。

在孟子礼学中，它体现出的革命性还在于它对人的理性、感情相同一方面的强调。传统礼乐文化中，"乐统同，礼辨异"固然强调了乐在调节情感方面具有相"同"的一面，但在礼制上，却坚守权势者对"乐"的独占性。孔子对八佾舞于庭的愤慨之情，正是基于对天子八佾、诸侯六佾，大夫四佾的礼乐分际的强调；在权势者面前，孟子则有意避开礼制问题，单纯从人心所同的视角出发，张口便强调一个"同"。当齐宣王称自己"好乐"时，孟子已不汲汲于乐制的考察，而重在强调乐的本质，"乐者乐也"要求"王与百姓同乐"。不仅在乐方面如此，对其他的如"好货，与百姓同之，于王何有"，"好色，与百姓同之，于王何有"。同样，好田猎，也该与民共享，"文王之囿方七十里……与民同之。民以为小，不亦宜乎"。这种对"与民同之"的强调，正是从人具有相同的心理感受的观点出发，在客观上对礼强调的差异、强调等级起到了破坏作用。不过，从另一个角度看，这种强调"同"，强调礼乐消费的人民性内容，也可以说是挽救礼崩乐坏局面的一种方案，因为它注重百姓的利益，是从更本质的层面回归了礼。

古代的禹、皋陶等君王，他们还经常放下君王架子，亲自访问贤人，虚心听取意见，以礼接待宾客，救济贫穷的人……

　　裕民富国是儒家一以贯之的政治主张，是儒家社会理想的中心内容。荀子在总结发展前人思想的基础上，提出并论证了"裕民以政"的政治主张，这是对儒家裕民富国思想的继承和发展。荀子看到了人民富裕与政治经济政策的内在联系，强调必须营造宽松的经济环境，执行强硬的吏治措施，并通过制定和实施富民政策让百姓得到实惠，藏富于民，比如征收农业税要轻，关卡、集市免征赋税，控制商人的数量，尽量不要大兴土木劳民伤财，不要耽误农时等等，都是荀子所设想的富民政策。荀子的这一主张客观上保护了广大民众的利益，体现了儒家的民本主义思想。荀子"裕民以政"的政治主张今天仍然具有极强的现实意义。

　　奸邪之人之所以兴起，是因为君主不尊崇、不推行礼义。制定礼义的目的，就是禁止人们为非歹。当今之君主不尊崇、不推行礼义，百姓自然就会背信弃义、趋附奸邪，这就是奸邪之人兴起的原因所在。况且，君主是臣民的表率，臣民附和追随君主就如同响之应声、影之随形一样，因而君主不能不遵循礼义。对内可以调节个人的情感欲望，对外可以协调万事万物；对上可以让君主无忧，对下可以协调民众。调节内外上下，使之和谐融洽，这就是礼义的本质。因而，治理天下，礼义是根本，其次是诚信。夏禹、商汤正是以礼义为本，取信于民，而使天下大治；夏桀、商纣则弃义背信而致天下大乱。所以，君主必须慎重地对待礼义、诚信，这是做君主的根本。

　　礼是一个社会"分"、"别"的原则，礼的产生就是为了止争平乱，即解决争和乱的"度量分界"，也就是严格划清尊卑、贵贱、长幼、上下、贫富的界限，确立不可逾越的等级秩序，人人各安其位、各守其分，由此实现社会秩序的井然有序。

　　礼不仅是"正身"的标准，更是"正国"的标准，就像用秤来量轻重、用墨线来正曲直、用矩尺圆规来匡方圆一样，人循此标准而行即可"不逾矩"，国循此标准而治即可秩序井然。礼是治国的原则和纲领，作用就在于提供治国的标准或规则。

　　国家没有礼，就不可能建立起公正合理的社会秩序，最终必将陷入混乱，走向灭亡。

齐之以礼求贤才

【原典】

子曰：君使臣以礼，臣事君以忠。

【古句新解】

孔子说："君主以礼节来对待臣下，臣下用忠诚来回报君主。"

自我品评

古时候，诸侯给了士人一定的"礼遇"，甚至比士人应受的礼遇更多，在此情况下，士人依然可以自贵其德，以"非其召不往"的原则，来平衡君臣关系，他要求招必须合礼。至于"孔子，君命召，不俟驾而行"，则是因其在官之故。这种对自身价值的守护，决定了士出来为朝廷服务与否，主要取决于"治人者"对士是否"迎之致敬以有礼"，有，就可以贡献自己的才智，而"礼貌衰，则去之"。只有那些不为了一点小利就放弃自己操守的人，才有可能"进以礼，退以义"，担负起救援"天下溺"的重任。

燕昭王收拾了残破的燕国以后登上王位，他礼贤下士，用丰厚的聘礼来招募贤才，想要依靠他们来报齐国破燕杀父之仇。为此他去见郭隗先生，说："齐国乘人之危，攻破我们燕国，我深知燕国势单力薄，无力报复。然而如果能得到贤士与我共商国事，以雪先王之耻，这是我的愿望。请问先生要报国家的大仇应该怎么办？"

郭隗先生回答说："成就帝业的国君以贤者为师，成就王业的国君以贤者为友，成就霸业的国君以贤者为臣，行将灭亡的国君以贤者为仆役。如果能够卑躬曲节地侍奉贤者，屈居下位接受教诲，那么比自己才能超出百倍的人就会光临；早些学习晚些休息，先去求教别人过后再默思，那么才能胜过自己十倍的人就会到来；别人怎么做，自己也跟着做，那么才能与自己相当的人就会来到；如果凭靠几案，拄着手杖，盛气凌人地指挥别人，那么供人驱使跑腿当差的人就会来到；如果放纵骄横，行为粗暴，吼叫骂人，大声喝斥，那么就只有奴隶和犯人来了。这就是古往今来实行王道和招致人才的方法啊。大王若是真想广泛选用国内的贤者，就应该亲自登门拜访，天下的贤人听说大王的这一举动，就一定会赶着到燕国来。"

昭王说："我应当拜访谁才好呢？"郭隗先生说道："我听说古时有一位国君想用千金求购千里马，可是三年也没有买到。宫中有个近侍对他说道：'请您让我去买吧。'国君就派他去了。三个月后他买到了千里马，可惜马已经死了，但是他仍然用五百金买了那匹马的脑袋，回来向国君复命。国君大怒道：'我要的是活马，怎么用五百金买了一匹死马？'这个近侍回答说：'买死马尚且用五百金，更何况活马呢？天下人一定都知道大王您愿意买马，千里马很快就会有人送到了。'果然不到一年，三匹千里马就到手了。如果现在大王真心想要招纳贤士，就请从任用我郭隗为开端；我尚且被重用，更何况那些比我更有才能的人呢？他们难道还会认为千里的路程太遥远吗？"

于是昭王为郭隗建造房屋，并拜他为师。这之后，其他国家的贤才纷纷奔走入燕国。乐毅从魏国赶来，邹衍从齐国而来，剧辛也从赵国来了，人才争先恐后集聚在燕国。昭王又在国中悼念死者，慰问生者，和百姓同甘共苦。燕昭王二十八年的时候，燕国殷实富足，士兵们快乐安逸不惧怕战争。于是昭王任命乐毅为大将军，和秦国、楚国以及三晋（赵、魏、韩）联合策划来攻打齐国。齐国战败，齐闵王逃到国外。燕军又单独痛击败军，一直打到齐都临淄，掠取了那里的全部宝物，烧毁了齐国的宫殿和宗庙。

在君臣关系中，"以位，则子，君也；我，臣也；何敢与君友也，以德，则于事我者也，奚可以与我友"。如果从"达尊"的标准看，爵位固然是值得尊敬的理由，但那种尊贵，导致的必然是"侍奉"的关系，而非"友"的平等关系；如果从"德"的标准看，士人因着知识、德性等因素，可以为天子之师，"天子不召师，而况诸侯乎"，君臣关系被颠倒过来，依然是"侍奉"的关系，只是"侍者"已变成了"被侍者"，因而依然不可能出现平等的"友"的关系。因而，无论是从德、还是从爵位这两个方面看，君臣关系永远不可能出现平等的关系，有的只是上下侍奉关系。在这种情况下，"君欲见之，召之，则不往见"，不正是一种"礼"的行为吗？看来，在士人敢于叫价的时代，在君臣交往中，君欲见贤人，除了自己主动之外，除了给贤士应有的礼遇外，是不可能见到自己所想见的人了。

三国时期刘备与诸葛亮这一对搭档，也可以算得上"君使臣以礼，臣事君以忠"最为典型的例证。

千古流传的"三顾茅庐"是刘备求才的佳话，因为它展现了刘备的求才之心切，爱才之德盛，更重要的是以礼数感人。也正因为有刘备三顾茅庐，后来才有诸葛亮的"鞠躬尽瘁，死而后已"。

刘备"三顾茅庐"那种诚心求才、重才、礼才的态度确实令人感动。刘关张兄弟三人"一顾"时，关羽、张飞两人都有点不耐烦了。急性子的张飞说："既然不见，自归去罢了。"刘备说："且待片时。"又等了片刻，确实无望，关羽说："不如且归，再使人来探听。"兄弟三人这才离去。"二顾"时，张飞开始发脾气了："量一村夫何必哥哥亲自去，可使人唤来就是了。"刘备劝说一番，三人又一同出发，结果还是没见着。"三顾"时，关羽张飞都十分不高兴，关羽话说得很轻却落得很重："兄长两次亲往拜谒，其礼太过矣。想诸葛亮徒有虚名而实无学识，故避而不见，兄何惑于斯人之甚也！"张飞则更按捺不住，准备动武："量此村夫，何足为大贤！这次不烦哥哥去，他如不来，我只用一条麻绳将他捆来！"但是刘备却意念坚定，一面责备张飞的鲁莽，一面对关羽说："不然，昔齐桓公欲见东郭牙野人五反而才得一面，何况吾欲见大贤耶？"为了求得诸葛亮，别说"三顾"，就算再多一点次数他也会坚决地去请的。

接连两次都扑了空，第三次终于见到了仰慕已久的诸葛亮。刘备立刻谦卑地请教："现在汉朝灭亡，天下大乱，朝政被权臣控制。我不度德量力，想伸义于天下，完成统一大业，恢复汉朝的统治，但由于才疏学浅，屡受挫折，至今一无所成。不过，我并没有因此而心灰意冷，还想干一番事业，希望先生为我出谋划策。"

诸葛亮被刘备诚心尽礼的态度和正义的宏图所感动，于是决定倾其所能以报知己。他毫无保留地从政治、经济、军事、地理、人事等方面对当时天下形势进行了精辟分析，并为刘备具体谋划了战略目标、战略步骤，这就是有名的"隆中对策"。刘备听后钦佩不已，相见恨晚，十分热情地邀请诸葛亮出山辅助自己成就大业，诸葛亮欣然应允。

刘备求得诸葛亮后说："我得孔明，如鱼得水。"诸葛亮一到刘备军中，刘备不仅如兄弟般以礼相待，而且马上委之重任，言听计从。诸葛亮看刘备如此器重自己，于是放开手脚，尽力施展自己的才华。首先帮助刘备扩大军队，很快由几千人发展到上万人，又广纳人才，结好地方，使屡遭挫折的刘备重见希望。建安十三年，曹操亲率大军南下，对刘、吴两军虎视眈眈。诸葛亮自告奋勇，前去说服孙权联合抗曹，于是上演了"赤壁之战"，使曹操狼狈而逃。于是，三国鼎立的局面就形成了。

因为刘备对诸葛亮百般礼遇和器重，所以他不仅在刘备生前竭忠尽职，在刘备死后，诸葛亮更是以仲父之身、慈母之心辅佐后主刘禅。

诸葛亮在家喻户晓的《出师表》中写道："先帝不以臣卑鄙，猥自枉屈，三顾臣于草庐之中，谘臣以当世之事，由是感激，遂许先帝以驱驰。"一面感慨流涕，一面响亮地提出"鞠躬尽瘁，死而后已"的口号以示忠心。辅佐后主的时候，面对着刘备东征失败后的情形，诸葛亮稳定秩序、恢复经济、重振军威的担子特别重，他不辞劳苦，注重依法治国，严明法纪，而且大力实行"务农植谷、闭关息民"的政策，整修水利，奖励农耕，使蜀国经济在很短的时间内，又有了一定的恢复和发展。为成就刘备统一中原的遗愿，诸葛亮更是不顾年老体弱，六出祁山，北伐曹魏，直至抱终天之恨，病逝于北伐前线。

诸葛亮鞠躬尽瘁追随、报答刘备，充分体现了"臣事君以忠"，当然，这是以刘备"使臣以礼"为前提的。同样的关系在刘备与关羽、张飞、赵云等诸多部下之间也有体现。不难看出，这种双向互动在人际关系中是十分重要的，任何一方的冷漠都有可能让对方寒心无动于衷。那样，就不会有任何让人感动的情谊，更不可能一同创造出令双方都满意的业绩来。

当今社会亦是如此，要想干出一番大事业，只凭一人之力是不可能的，必须有自己的智囊团相助，出谋划策。要想得到贤人相助，就必须以礼待之，这样，他们才会与你共进退，你的事业才能更辉煌。

修业者必先学礼

【原典】

子曰：先进于礼乐，野人也；后进于礼乐，君子也。如用之，从先进。

【古句新解】

孔子说："先学习礼乐后做官的人，是原来没有爵禄的平民；先当了官然后再学习礼乐的人，是君子。如果选用人才，我主张选用先修好礼乐的人。"

自我品评

曾子曾说："学而优则仕。"而在古代，贵族士大夫是有特权的，他们可以选择先做官，一边做官一边提高自己的修养。平民百姓，必须先提高自身的修养，才有做官的可能。那么，"先进"与"后进"，孔子更赞同哪种观点呢？

孔子的学生子夏说："做官的事情做好了，就更广泛地去学习以求更好；学习学好了，就可以去做官以便更好地推行仁道。"这实际上就是"先进"与"后进"的区别。孔子的主张是先学习，提高修养后再去做官，而不大赞成先得了官位然后再去学习。

明代大儒宋濂，幼时家贫，但勤奋好学。他曾在《送东阳马生序》中写道："到了成年以后，更加仰慕古代圣贤的学说，又担心没有才学渊博的老师和名人相交往（请教），曾经跑到百里以外向同乡有名望的前辈去请教。前辈道德、声望高，高人弟子挤满了他的屋子，他从来没有把语言放委婉些，把脸色放温和些。我恭敬地站在他旁边。提出疑难，询问道理，弯着身子侧着耳朵请教。有时遇到他斥责人，（我的）表情更加恭顺，礼节更加周到，一句话不敢说；等到他高兴了，就又请教。所以我虽很笨，终于获得诸多教益。"后来他终成一代大儒，被任命为文学博士，曾担任建文帝的老师。

杨时，字中立，是剑南将乐地方的人。小的时候就很聪颖，显得与众不同，善写文章。年纪稍大一点即潜心学习经史，宋熙宁九年进士及第，当时，河南人程颢和弟弟程颐在熙宁、元丰年间讲授孔子和孟子的学术精要（即理学），河南洛阳这些地方的学者都去拜他们为师。杨时在颍昌以学生礼节拜程颢为师，师生相处得很好。杨时回家的时候，程颢目送他说："吾的学说将向南方传播了。"又过了四年，程颢去世了，杨时听说以后，在卧室设了程颢的灵位哭祭，又用书信讣告同学之人。程颢死以后，杨时又到洛阳拜见程颐，这时他已经四十岁了。一去天拜见程颐，程颐正闭着眼睛坐着，杨时与同学游酢就侍立在门外没有离开，程颐察觉的时候，那门外的雪已经一尺多深了。后杨时不负重望，德性和威望一日比一日高，四方之人士不远千里与之相交游，其号为"龟山先生"。后人便用"程门立雪"这个典故，来赞扬那些求学师门，诚心专志，尊师重道的学子。

孔子认为，"弟子入则孝，出则悌，谨而信，泛爱众，而亲仁，行有余力，则以学文。"为此，孔子也是身体力行，他办教育，把培养学生的道德观念放在第一位，把文化学习放在第二位。其实，孔子这段话的意思非常明确，就是说，一个人要想学"文"，首先要在道德礼仪上立根基。孔子认为，仁是人之根本，礼则是修业之首要，有了本，才可以言及其他。换句话说，人只有先学会做人，才能再去做学问、做事。

元前 521 年春，孔子得知他的学生宫敬叔奉鲁国国君之命，要前往周朝京都洛阳去朝拜天子，觉得这是个向周朝守藏史老子请教"礼制"学识的好机会，于是征得鲁昭公的同意后，与宫敬叔同行。到达京都的第二天，孔子便徒步前往守藏史府去拜望老子。正在书写《道德经》的老子听说誉满天下的孔丘前来求教，赶忙放下手中刀笔，整顿衣冠出迎。孔子见大门里出来一位年逾古稀、精神矍铄的老人，料想便是老子，急趋向前，恭恭敬敬地向老子行了弟子礼。进入大厅后，孔子再拜后才坐下来。老子问孔子为何事而来，孔子离座回答："我学识浅薄，对古代的'礼制'一无所知，特地向老师请教。"老子见孔子这样诚恳，便详细地阐发了自己的见解。

回到鲁国后，孔子的学生们请求他讲解老子的学识。孔子说："老子博古通今，通礼乐之源，明道德之归，确实是我的好老师。"同时还打比方赞扬老子，他说："鸟儿，我知道它能飞；鱼儿，我知道它能游；野兽，我知道它能跑。善跑的野兽我可以结网来逮住它，会游的鱼儿我可以用丝条缚住鱼钩来钓到它，高飞的鸟儿我可以用良弓把它射下来；至于龙，我却不能够知道它是如何乘风云而上天的。老子，其犹龙邪！"

一个人即使学富五车、才高八斗，如果他的言谈举止、行为方式愚笨乖谬，不能解决一些实际问题，又有什么用呢？相反，一个人即使没有什么文凭，没有进过大学的校门，但他言谈文雅，举止得体，行为方式正确，能够有所发明、有所创造，难道你能够说他没有学习过礼仪吗？

我们的教育偏重于告诉人们什么是好人、必须做好人。忽视教育学生怎样去做人，以致学生对于为人处世的原则方法技巧并不明了，因而不善应对、不善交际，不能协调好人际关系，不能较好地把内在的美德变成外在的美行，把个人体面地融会在人群集体之中。

修业者必先学礼。如果你要学习文化知识，精通学问之道，也只有从做人的体会、人生的经验入手，才能够学有所成，学以致用，而不会成为读死书的书呆子。这也就是说做人首先要注重品德修养，其次才谈得上学习文化知识。正如意大利诗人但丁所说："一个知识不全的人可以用道德去弥补，而一个道德不全的人却难于用知识去弥补。"由此可见，做一个有道德懂礼仪的人，是为人之基本准则。

对朋友也要有礼有节

【原典】

子游曰：侍君数，斯辱矣；朋友数，斯疏矣。

【古句新解】

子游说："服侍君主太频繁琐碎，反而会招来羞辱；与朋友相交太频繁琐碎，反而会遭到疏远。"

自我品评

阿拉伯有句谚语说："脚步踩滑总比说溜了嘴来得安全。"不论多亲密的朋友，都必须有所节制，才不至于坏了交情。

简单地说，一个人的行为会因为纷扰的心情而有所不同。如果你以为对方和自己的关系非比寻常，不会和自己计较，或是以为对方能够了解自己的心意而未加注意，反而很可能在不经意的情况之下受到伤害。与人诚心交往是很重要的一件事，但却不是把心中所有的事都和盘托出，而是要一步一步慢慢地进入状态。

我们说好朋友之间讲究礼仪，并不是说在一切情况下都要僵守不必要的繁琐的客套和热情，而是强调好友之间相互尊重，不能跨越对方的禁区。这就要看你是否真正地了解到了礼仪的本质。

在与朋友的交往过程中，你总会发现朋友偶尔犯下这样或那样的错误，那么此时你应当怎样让朋友接受你的意见而不至于把关系闹僵呢？这正是你一展你的社交才能的时刻，也是对你自身素质的一种考验。

明代洪应明说过："攻人之恶，毋太严，要思其堪受；教人以善，毋过高，当使其可以。"意思是说，对待他人的错误，不应当以攻击为能事，方法更不能粗暴，不能刺伤朋友的自尊心。如果自尊心受到伤害，即使你说的和做的千真万确，别人也不能心甘情愿地接受，又怎么能达到改过的目的呢？此时展现你的论辩才能就非常重要了。

指责他人之过，需要稍做保留，不要直接地攻讦，最好采用委婉暗示的语言，使对方自然地领悟，过激的言辞很可能会断送友谊。因此，责人过严的话最好不要说，要说的话，也必须改变语气。这其中技巧运用的如何，也正是你社交能力与自身素质高低的一种体现。

孔子亦云："忠告而善道之，不可则止。"这是交友的学问。意思是朋友犯了错误，以诚意提供忠告，如果对方不听，就要中止劝告而暂时观察情况。如果过于唠叨，只会惹得对方厌烦，毫无效果。要不要接受你的忠告，终究要看对方，过于勉强只会损害友情。这也对我们自身的素质提出了更为严格的要求。

交往中发生分歧，双方往往都认为自己的意见、想法和做法是正确的，从而发生争辩。将对方驳倒固然令人高兴，但未必需要把对方驳得一无是处。因为这样不但对自己毫无好处，甚至有时会适得其反，得不到对方的认可，而且终有一天会自食恶果，受到对方的攻击。

古人还说："人无信，不可交。"指出不讲信用的人，不值得信任，甚至不值得与之交往。在现实生活中，也常有这种不守信用的人，他今天答应给你买火车票，结果到时连他的影子都找不到；他明天又邀请大家聚餐，而到时赴宴的全来了，唯独他本人不到场。试问：与这样的人交往，除了上当受骗之外，还能有什么结果？

几乎人人都知道朋友的重要性，都珍惜朋友之间的感情，但凡是人们珍惜的，也一定是稀少的，因而自古以来人们便慨叹"人生得一知己足矣"。其实，我们置身社会中，未必把每一个朋友都交到"知己"的程度：朋友可分为不同层次，有的是于事业有益的，有的是于生活有益的，有的是于感情有益的，也有的是于娱乐有益的。每一种朋友应该交到何种程度才恰到好处，才于人生有益，并没有一把尺子能量得出来。不论深交也罢，浅交也罢，朋友之谊人人皆知，但这"谊"并非信手拈来，重要的是方法。

不论是多么亲密的朋友，交谈的措辞都不可疏忽，因为谨慎言辞就是一种礼仪的表现方式。朋友关系亲密时就容易不拘小节，不拘小节就容易闹矛盾，甚至危及彼此的交情。许多青年人交友处世常常涉入这样一个误区：好朋友之间无须讲究礼仪。他们认为，好朋友彼此熟悉了解，亲密信赖，如兄如弟，财物不分，有福共享，讲究礼仪太拘束也太外道了。其实，他们没有意识到，朋友关系的存续是以相互尊重为前提的，容不得半点强求、干涉和控制。彼此之间，情趣相投、脾气对味则合、则交，反之，则离、则绝。朋友之间再熟悉、再亲密，也不能随便过头，不讲礼仪，这样，默契和平衡将被打破，友好关系将不复存在。要想与朋友维持良好关系，就一定要注意改正交往过程中的一些小错误，才能与朋友融洽相处，获得友情。因此我们要注意，对好朋友也要讲礼仪，只有尊重朋友，才能让友谊长久。

有的人自认为大度豁达，对朋友借给的东西从不爱惜，甚至久借不还，随便乱翻乱用朋友的东西也从不事先打个招呼。长此以往，就会使朋友觉得这个人行为太粗俗，甚至贪婪。青年人常把彼此不分当成友谊深厚的表现，但友谊的维持和发展，仍然需要珍惜、保护、遵守信用。朋友馈赠你东西，是情感物化的表现，但平日里，对借别人的东西总还得爱惜，否则会使人觉得你不可靠。

除此之外，还有一种情况就是，忘记了"人亲财不亲"的古训，忽视朋友是感情一体而不是经济一体的事实，花钱不计你我，用物不分彼此。凡此等等，都是不尊重朋友，侵犯、干涉他人的表现。偶然疏忽，可以理解，可以宽容，可以忍受。长此以往，必生间隙，导致朋友的疏远或厌恶，友谊的淡化或恶化。因此，好朋友之间也应讲究礼仪，恪守交友之道。

和谐深沉的交往，需要充沛的感情为纽带，这种感情不是矫揉造作的，而是真诚的自然流露。中国素称礼仪之邦，用礼仪来维护和表达感情是人之常情。朋友再亲密也不能忘了以礼相交，千万不要因为趣味相投就陷于松懈或粗心大意，不能彼此尊重的友情只会给双方带来伤害。礼仪并没有特定的界限，但在和朋友长期交往之中，随时注意恪守礼仪与自我节制却是很重要的。一旦逾越了礼仪或失去节制，也就失去了朋友。